E C T O N × N A T S U O G I N I R O

E C T O N × 銀 色 夏 生

変化は、起き続ける

エクトン
（リチャード・ラビン）

銀色夏生

VOICE

E C T O N × N A T S U O G I N I R O

ECTON ×銀色夏生

はじめに

私はおととし（２００９年）、なにもやりたいことや面白いことがなくなって、まったく暗く沈んでいました。そして、もうこうなったらとにかく変わろう、来年から変わるんだと決心して、去年、いったいこれからどうしたらいいのか、私のことを誰かに聞きたい、と思いました。でも人間に聞いても、私と同じ経験をしている人はいないし、私の個性をすぐにわかってもらうことは難しいし、相談しても理解してもらえるわけはなく、聞くだけ無駄だと思い、占い師とかチャネラーとか、そういう人間を超えたようなものに聞いてみたいと思いました。そして、誰に聞いたらいいかわからなかったので、自分でできる範囲で調べて、そういう職業の人の中でちゃんと仕事として成功していそうな人で、何となくよさそうだと思った人にかたっぱしから聞いてまわりました。そしてエクトンさんのチャネリングを受けました。そのことを私の本に書いたら、それをきっかけに、今回、エクトンさんと対談しませんかと声をかけていただきました。うれしかったです。

前もって何も考えず、その時に浮かんできたことを聞いたほうがいいと思ったので、あまり考えずに向かいました。その記録です。

銀色夏生

Contents

エクトンという存在について

エクトンとは、物質的な次元の外に存在する、肉体を持たないパーソナリティー（意識体）です。これまでリチャード・ラビンをチャネル（媒介）とし、30年以上にわたって愛と智慧にあふれるメッセージを人々に伝えてきました。

チャネルが自らをいわゆるトランス（変性意識状態）に導いて意識体とつながることで、エクトンのような存在と私たち人間がコミュニケーションをとることが可能になります。そのようにして、さまざまな存在やエネルギーなどにチャンネルを合わせ、気づきや成長に役立つ交流を行うことが、チャネリングと言われています。

チャネリングは、1960年代頃からアメリカで始まった“ニューエイジ”というムーブメントのなかで盛んになり、チャネルを通して語られる内容は、次第に重要なメッセージとして受け止められるようになりました。

現在、日本ではバシャールと呼ばれるパーソナリティーが有名ですが、エクトンはバシャールと並んで高い人気のある存在です。リチャードによるエクトンのセッションは1988年以来、定期的に日本で行われており、多くの人から共感を得ています。

Session 1

2011.1.11　13:30 ~

ECT　今日はこうしてお目にかかれてうれしいです。
銀色さんと呼ばせていただいてよろしいでしょうか？

銀色　はい。

ECT　喜んで、そうさせていただきます。これから私たちは何時間も共に過ごすことになるわけですが、あなたがどこにでも進みたいところに進んでいかれて結構です。私は喜んで一緒に旅をしていこうと思います。
私は、これが冒険の旅となる可能性があることを感じます。あなたのマインド、あなたのハート、あなたのソウルにおいて、あなたが今まで達することがなかった、さまざまな領域に旅をすることになると思います。
そしてこれを読む方々も、同じ旅を経験されることになるでしょう。私たちすべてが、みんなで楽しみに満ちた旅をすることができればいいと願います。
私が理解するところでは、あなたはこのプロジェクトにかかわりを持つことを決められる段階で、何の躊躇《ちゅうちょ》もなかったということですが、そうでしょうか？

銀色　はい。

ECT　それはなぜかお尋ねしてよろしいでしょうか。

銀色　もう本当に、ただうれしいだけでした。

ECT　あなたは、伝染する（contagious）性質のある思考や意識の領域へと、自分を広げる能力を持っていらっしゃいます（伝染する性質とは、影響力や伝達力がある性質ということ）。

あなたの読者の皆さんが、あなたの作品を読むことを楽しいと感じる理由のひとつは、読むことによって、いろいろな意味で彼らがあなた自身になることができるからなのです。時には、それらの人々が人生で経験するさまざまなドラマから一時的に離れることを、助けていらっしゃる部分もあります。

さらに、その人々に対して「明確さ」を提供していらっしゃる部分が大きいと、私は感じます。あなたは、自分自身を深く見ようとする意志を持ったひとりの人間、ひとりの女性でいらっしゃるということです。制限なく、さまざまな探求や経験をする意志を持ったひとりの人間、ひとりの女性です。

これらの資質は、とても魅力的なものです。そして〝伝染する〟性質があります。もちろん伝染するといっても、一番いいかたちでという意味なのですが。

それでは、どんなことからお話しになりたいでしょうか？

銀色　何も考えないようにして来ましたが、最初に一個だけあったほうがいいかなと思って、一応考えたんですけど、「人を愛する」ということはどういうことなんですか。

ECT　それは、この宇宙全体においてあらゆるかたちで探求され、経験されてきているものです。あなたが話していらっしゃる愛というものは、特定のかたちを持つものではありません。絶対的なパワーがあり、あらゆるところに満ちている性質のものです。そして、ここであなたが話していらっしゃる、その愛というものが、最終的にはこの世界を救うものになるでしょう。

その愛というものはあらゆるかたちで現れるものですから、それらのすべてに関して、ここで話をすることはできません。しかし、ひとつ確かなことがあります。それは、この世界のすべての人々が、この愛というものを探求しているということです。この世界に生きている多くの人々が、何らかのかたちで、この愛というものを受け取りたいと思っています。とてもハングリーな状態で求めていると同時に、愛というものの次元を何らかのかたちで表現したいと心から感じています。

そしてこの世界に生きている人々の多くが、心から「自分が表現する愛が何らかのかたちで受け取られること」を望み、求めています。誰かがあなたに、あるいはあなた以外の人に愛を表現したとき、その人は、相手が自分の表現した愛を受け取ってくれると、深い喜びを経験します。私たちがここでお話ししている愛というものは、押したり引いたり、前進したり後進したりというように、常に動き続けています。この愛は、静止したり、動きがなくなったりはしないものなのです。

人々が愛を経験するうえで、または愛を受け取るうえで問題だと感じることの多くは、愛というものが、今お話ししたように、常に常に変化するものであるということを理解していないところから起きます。つまり愛はそれ自身が持っている性質として、エネルギー的に安定してとどまった状態ではない（unstable）ものだということです。

あなたご自身も、愛というものが同じ状態のままとどまるものではない、別の言い方をすると、安定したものではないということを経験していらっしゃるでしょう。多くの人々は愛が安定してないと感じたとき、そこには何か問題があるのではないかと考えます。それに対して私はここで、必ずしもそうではないとお伝えしたいんです。愛というものは、それが自然にすることをしているだけなのです。つまりそれは、変化し続けるということです。

愛とは、人々の間でやりとりされるエネルギーに関する、最も偉大な実験なのです。そしてご存知の通り、この愛がやりとりされるのは、何も人間世界に限られたことではありません。この愛というものは、ほかの生命の次元にも広がっています。動物たちの愛、植物たちの愛、そして生命を持たないと認識されているものの愛も存在します。すべてが愛なのです。

ただ違ったかたちでそれが現れています。常に変化し続けるさまざまなかたちで、それは現れています。そして、愛が人々の間で「恋愛」という経験においてやりとりされるとき――もちろんこのことに関しては、後でもう少し詳しくお話しする機会があると思いますが――最初の段階の愛は、とてもパワフルで力強いものだと感じられるので、その愛がいずれは変化するものであるということを、それにかかわっている人々は認識することが難しいのです。

でも徐々に愛の性質や現れ方は変化していき、より穏やかなものになっていきます。しかし多くの人々が、お互いが経験している恋愛の愛というものが、強烈なものから、より穏やかなものになったとき、それが自然に変化していると考えるよりも、何か問題がそこにあるのではないかと考えるのです。それは真実ではありません。ただ愛が変化しているだけなのです。愛の性質、そしてお互いにやりとりしている愛のかたちが、そこで変化しているだけなのです。なぜなら、それが愛の性質ですから。

最初の強烈な愛の状態からそれ以外の愛の状態に変わるとき、その過程はドラマチックなこともあるのですが、恋愛をしている人が、愛というものは変化する性質があるのだということを知っていると、それを乗り越えていくことが可能になります。

私はこのように愛について、銀色さんに何時間でも語り続けることはできますが、私がそうすることをお望みではないと思います（笑）。

でも、この愛は宇宙を成り立たせている力そのものですから、愛というものが今回の私たちのコミュニケーションのトピックの中心にあり続けることに変わりはないと思います。先ほど私は、愛がこの世界を救うものになるということをお伝えしました。それは、比喩や誇張した表現ではありません。あなたは愛が変化するということについて、かなりのチャレンジとして経験されたことがおありなのではないでしょうか？

銀色 はい。

ECT 自分が与えることに関しても、または受け取ることに関しても、以前にはこれが愛なのだと感じられたもの、実感できたものが、ある時点からそうだとは実感できなくなることが時々あるでしょうね。しかし愛を自覚できる自分自身の感性、さまざまなかたちで愛を受け取ったり、分かち合ったりするとき、それを愛が交流しているのだと自覚できる感性が拡大されていくにつれて、愛が変化する性質をトラブルだと感じることは、より少なくなっていかれるでしょう。

ここで私がただお伝えできることは、愛というものはあらゆる形態において、十分探求するに値するものであるということです。そして、自分が愛されてないと感じたときにただ必要なのは、もしかすると、自分の目をもう少し大きく開くことだけなのかもしれません。それによって、実は自分は愛されていたのだということがわかるかもしれません。誰から、何から愛されていると感じるかは、そのときによって違います。そしてこの世界に生きていらっしゃる人、それぞれによって違うことでしょう。
それでは、次の質問をされたいでしょうか。どのように進められたいでしょうか？

銀色 その愛について、ちょっと自分のことなんですけど、具体的な、友達とか読者の人とか、そういう愛情って、すごく感じ合えて、私は何の問題も感じないんですけど、特定の男性との恋愛に関して、どうしてもこれだ、といつも思えないというか、知れば知るほど、そんなに好きじゃなくなってしまったりするんです。でも、自分に問題があるというようなことは、この間も言われたんですけど（笑）。つまり、ちゃんと人を愛するという自信が自分にないから人を愛せないという。でも、だいぶ自信がついたと思うんですけど、まだだめでしょうか（笑）。

ECT もちろんあなたの恋愛経験に関して、この場でどのくらい私が深く掘り下げてお話をしていくことが適切なのかはわかりません。でも、この場で銀色さんご自身にとっても、読者の皆さんにとっても役に立つであろうと思われる、いくつかのアイデアやヒントについてお話をすることはできます。恋愛における愛というものは、大きな愛を学ぶための集中コースであると言い換えることができます。集中的に愛について学ぶ塾（love cram school）のようなものだとお考えください。

恋愛においては、さまざまなかたちで、並外れて喜びにあふれた愛、または痛みを伴う愛というものを集中的に経験することができます。そして、それらを経ながら、恋愛をしている人々の経験が広がって、私たちが言うところの「無条件の愛」を経験する状態に向かうことが望まれるのです。あなた自身も無条件の愛という表現について、お聞きになったことが何度もおありでしょうし、読者の皆さんもこの言葉、この表現をお聞きになったことがあると思います。

ただ、自分自身が実際どのようにそれを経験すればいいのか、またはそのような無条件の愛を自分が経験したことがあるのかどうか、疑問に感じるかもしれません。でも私から言わせていただきますと、あなたはそのような愛を経験していらっしゃるのです。あなたが無条件の愛を探求したり、経験するうえで比較的たやすい相手は、ご家族やペット、友人や読者の方々などです。

なぜなら、今お話ししたような状況においては、あなたは自分自身が愛を与えることに焦点を合わせているだけで、自動的に相手から愛は返ってきます。しかし、愛が恋愛というかたちで経験されるときには、今までお話ししてきたものと違って、分厚い層をなした複雑さが、無条件の愛の探求と経験に付け加えられることになります。つまり恋愛において、自分自身が無条件に愛されるに値するかどうかを疑問に思っている場合には、無条件の愛を表現することが困難になるんですね。

何が起きるかというと、恋愛においては、あなたご自身にとっても、あなたのパートナーにとっても、深い恋愛というかたちの無条件の愛を経験するうえで、それを妨げているものがいろいろなかたちで表面化するのです。心理的なものとか、感情的なものも含めて、自分の内側にすでにあった愛に関する不安や怖れなどが、さまざまなかたちで表面化してきます。

こうした理由から、多くの人々が、恋愛における愛は痛みを伴うものだとおっしゃいます。でも、それは本当は真実ではありません。実際には、愛を経験することによって、愛以外のさまざまなものが表面化して自覚できる状態になっているから、それが痛みとして経験されるのです。ですから、愛そのものが痛むわけではありません。愛は決して痛みを伴うものではないのです。

しかし、時に愛によって内側深くから表面化するものの中には、とても、とても痛みを伴うものがあります。自分のパートナーを愛しているとき、それと同時に、自分自身は愛されるに値するのだろうかという考えも抱いていらっしゃるのではないでしょうか。

人生のほかの分野においては、今と同じようなことは問題にはなっていないと思います。恋愛と呼ばれる、愛の集中的な塾においては、愛を妨げている思考やフィーリングなどさまざまなものが表現され、または癒やされ、解放されていく必要があります。

銀色さん（呼びかけている）。

銀色　はい。

ECT　ご自分は愛されるに値するでしょうか？

銀色　またですか（笑）。私は最近ちょっと変わって、今までものすごくまじめに考えていたんです、愛するということを。でも楽しく考えようと思うように、つい最近変えたんです。

ECT　ということは、「愛には何が含まれるのか」に関する定義が、以前よりも広くなったのでしょうか。

銀色　そうだと思います。

ECT　それはいいことです。愛に関するあなたの定義が、より多様なものを含む広いものであればあるほど、あなたにとって、それは喜びであるでしょう。よりたやすく愛を分かち合うこともできるでしょうし、受け取ることもできるようになりますから。逆に、愛に対してさまざまな規則を持ち込んだり、制限を加えて、「こうでなければ自分は愛を感じない」「こうでなければ自分は幸せでないんだ」といった見方をすると、それは不幸だと感じることを保証する見方になります。
多くの人々の愛は狭い性質のものです。多くの人々は、愛というものが自分の経験するすべてを含むほど広く大きなものだとは、まだ認識していらっしゃらないんですね。それが、無条件の愛が意味するものなのです。どの瞬間においても、どんな決まりも条件もそこに持ち込まず、愛することができるということです。恋愛のなかで、自分とパートナーとの間に、「相手にこうしてほしい、こうあってほしい」というさまざまな期待があるときにお互いの関係が滞るということを、あなたはもう知っていらっしゃるでしょう。このドラマに関しては、何も銀色さんだけが経験されていることではありません。

銀色　はい。

ECT　ほとんどの読者の方も似た経験をしていらっしゃるでしょう。つまり恋愛にさまざまな期待を持ち込むということは、恋愛の中で無条件の愛を探求することとは逆の経験になります。さらに、恋愛には、セクシュアリティーとかセックスがかかわってきます。それが話題に入ってくると、また全体像が変わってくるわけですが、そのことに関して話をお進めになりたいでしょうか（笑）。

銀色　（笑）。

ECT もちろんお望み通りで構いません。この話題に関しては、後でお話しするものとして取っておいても構わないのですが、でもお望みであれば喜んでお話をします。

銀色 どっちがいいでしょうか（笑）。

ECT いずれにしても、セックス、セクシュアリティーもここで話していることの全体像の一部であることには変わりはないですから、どちらでも構いません。

銀色 私、エクトンの本（『ECTON』）を読んで、すごく面白かったんですよ。その話題が。でも、じゃあ、後にしましょうか（笑）。

ECT 今、最終的に銀色さんが、でもやっぱりセクシュアリティーとセックスに関しては、後で話をする話題として取っておきましょうかと言われたことを聞いて、私は驚きませんでした（笑）。

銀色 アハハ。

ECT もちろん今、私がそう言ったのは、銀色さんに対する愛と思いやりからです。でも銀色さんにとってセクシュアリティー、セックスの分野は、少しチャレンジを経験していらっしゃる分野でもあると感じるのです。

銀色 そうなんです。私、（セックスの分野って）すごい可能性がある分野で、素晴らしい世界だと思うんだけど、どうも世の中の見方がそうじゃない感じが、私はちょっと不満なんです。

ECT その点は個人的にでしょうか、それとも一般的にということでしょうか。

銀色 どっちもなんです。どんなものにもすごく下世話というか、下品なところから崇高なものまであるじゃないですか。そういうセクシュアリティーに関しても、私はすごく崇高で、そこに何か素晴らしい扉みたいなものがある気がするんですけど、今の世の中の見方が、何かちょっと品のない感じのものが多いというところが、残念な気がしてます。

ECT 今言ってくださったことに関しては、私はどれくらい理解ができたのか、まだ確信がないんですが、私がこの惑星に関して見守ってきたことについてお話ししましょう。もちろん私はこのようにリチャードの体とかかわりを持つことは許可されているのですが、この状態でセクシャルな経験をするという許可は彼から得ていません。

ですが、私が見守って観察してきたのは、セックス、セクシュアリティーの周辺に関して、信じられないほどのさまざまな規則や観念、禁止事項などが存在するということです。この混乱したセクシュアリティーのスープと愛とを混ぜ合わせると、特にあなたが無条件の愛を探求している場合には、すぐに全体が、とても複雑なものになります。

ご存知の通り、セックスというものは自然の機能の一部です。この非常に自然な出来事に対して、人間である皆さんはさまざまな観念や規則などを加えています。セクシュアリティーに関する観念や規則には、古くからの宗教に基づくもの、哲学に基づくものなど、いろいろなものがあります。

しかし、先ほどお話しになったように、ご自分自身の愛に対する見方が広がり、それによって愛というものをより楽しむもの、喜びのあるものとして経験することができるようになると、セクシュアリティーに関しても、より楽しみのあるもの、喜びのあるものとして経験することが可能になるでしょう。

そうすると、ご自分自身の人生が変化します。セックスというものを深刻にとらえるのではなく、それ自身が本来持つ価値を損なうことなく、楽しいもの、喜ばしいものとしてセックスを経験することが可能になります。

先ほど銀色さんは、愛がいかに大切なものなのかということに関して話をしてくださいました。そこでご自分自身が楽しみとして経験されるセックスを、セックスが本来持っている価値を損なうことなく、体験することが可能かどうかを自分に問いかけるのです。

それに加えて、ご自分がセックス、セクシュアリティーに対して感じていらっしゃる価値が、自分自身の思考からやってきているものなのか、または自分自身の存在の奥深くから感じることができる価値なのかについても見ていかれるといいでしょう。今の私の言葉に対して、答えていただく必要はありません。そんなことについてお考えになってはどうでしょうかという提案ですから。

銀色 はい（笑）。

ECT 簡単に言い換えると、「私はセックスというものを本来のそれよりも大きな何かにしているかどうか」と、自分に問いかけるのです。

銀色 どういうことですか？

ECT セクシュアリティーに対して、ご自身が感じていらっしゃる価値、重要さというものが、自分自身の内面深くにある理論や認識を、反映しているものかどうかという点を見ていかれるといいでしょう。または、セクシュアリティーに関する自分の価値が、さまざまな観念や規則の延長にあるものなのかを見つめることです。今ので明確になったでしょうか。

銀色 はい。私が今というか、これからこういうふうになれたらいいなと思っているのは、さっきの愛するということとセクシュアリティーのことも、まあ、同じように考えるとすると、これからは楽しく人を愛したいと思っているんですけど、そうすると、それにつながって、そういうセクシュアリティーに関することも何かすごく愛に満ちて、お互いにものすごく高められるような、愛も深まるような、そういう体験ができそうな気がして楽しみなんですけど（笑）。

ECT そのような体験は、それ自体が生きる理由になると言えます。もちろんこれが唯一の理由ではないのですが、ご自分自身の愛やセクシュアリティーの性質を、より真実の部分から生きることができるようになります。そしてこのことは、ご自分自身の人生の質をよりよいものにしてくれるということができます。愛に対しても、セクシュアリティーに対しても、自分が加えたいくつかの規則や期待などを取り去るといいでしょう。

銀色 ふーん……。

ECT そして、今、生きていらっしゃる人々の多くが、私が提案したことを実際にすることができたならば、どれだけ速やかにこの世界が変わるか、驚くことになるでしょう。愛に関すること、セクシュアリティーに関することは、皆さんの種族の存在の奥深くにあるもので、皆さんの遺伝子にもかかわりがあります。ですが、進化はどこかから始まらなければいけません。あなたから始まるというようにですね。そしてあなたの読者の皆さんから始まるというふうにです。そしてあなたが愛するすべての人々、あなたが触れていかれるすべての人々から始まります。

今これを読んでいらっしゃる読者の皆さんの中には、「いったいここでどんなことが語られているんだ？ 白い短いスカートでもはいて、これからシングルバーに出かけていって、恋愛の相手を見つけて、そして車の後部座席でカーセックスをしろとでも言っているのか」と考える人もいらっしゃるかもしれません。そういうことを提案しているわけではないのです。

でも、私の言葉をそのように解釈する方もいらっしゃるでしょう。楽しいセックス、あるいは喜びの伴うセックスというものについて読むとき、人々が考えるのは、自分の観念を通した楽しいセックスとは、また喜びのあるセックスとは何かということに関してなのです。

私は本当にものすごくその人を好きにならないと、近づけないんですね。やはり私にとって恋愛は、軽いものじゃないんです。

ECT　はい、あなたにとってはまさにその通りでいいと思います。

銀色　ですよね。その人それぞれですよね。

ECT　もちろんです。続けますね。あなたご自身の愛の定義も変わり、広がってきています。そしてセクシュアリティーに関する定義も変化してきていて、喜びや楽しみを含むものになっています。そういうことがすでにおわかりであるので、誰かと恋愛をして、そこに十分に深い愛があるからこそ、自分はその人とセックスもしたいということになったときには、その経験が深い愛を維持しながらも、とても楽しいものになる可能性があるということですね。

銀色　はい。

ECT　でも、ここで次のことを心にとどめておいてください。セックスとセクシュアリティーというものも、先ほど私が愛に関してお話ししたのと同じように、常に変化をし続ける性質のものなのですね。あなたは転生というものを信じていらっしゃいますか？

銀色　はい（それがないとは言えないという意味で）。

ECT 読者の多くの方も、何らかのかたちで自分は今回の人生以外の人生を生きたことがある、と認識していらっしゃるでしょう。あなたはほかの転生において、女性として生きていたとき、自分がかかわる男性とのセックスを楽しいものとして経験したことはあったと思われますか？

これは銀色さん個人についても、ほかの人々についても、全体的なお話をしているのですが、人がほかの転生を生きるということを前提に考えたとき、たとえばどの転生においても自分が女性であるとか、恋愛対象は異性であると思われますか？

銀色 男性、女性、いろいろな経験をしたと思うかどうかということですか？　どちらも体験してきたと思います。

ECT 複数の転生を経験しているという認識をなさっている場合には、それらの中で自分は異なった性別を経験しているということ、そしてセクシュアリティーに関しても、さまざまな経験をしていると認識することができますよね。

銀色 はい。

ECT あなたの種族は探求すること、そして実験することを好むんです。それにはセクシャルな事柄も含まれています。恋愛対象が異性として生まれた女性が、死ぬ頃にはゲイになっているといった変化が、ひとつの人生の中で起きると言っているわけではありません。しかし複数の転生においては、そのようなさまざまな変化が起きているんです。

ここで私がお伝えしようとしているのは、セックスとセクシュアリティーがどのように愛とかかわりを持つのかということも、常に、常に変化をし続けているということです。これらの言葉をお聞きになっていると、またこの文章をお読みになっていると、少しばかり不安定さを経験なさるかもしれません。「そうだとすると、私が頼りにすることができる何か安定したものは、私の人生に存在しないのだろうか」と不安を感じる方がいらっしゃるかもしれません。

でも自分自身が常に、永遠に変化し続けているのだということを受け入れることができたならば、常に永遠に変化し続けているということそのものが、安定した状態だと認識することができるようになります。明日経験することは今日経験することと異なるし、そして昨日経験したことと、今日経験することも違うのだということを受け入れることができると、常に変化するということ自体を安定として認識することができるようになります。

そして、今私がお話ししたような、深いソウルレベルの安定を経験することができたならば、ご自分の人生にどのようなものを引き寄せることが可能になると思われますか。

銀色　え？　さっきすごく自由だなという感じがしました。その変化ということを認めるということは、とても自由を感じるし、すごく素晴らしい感じがしました。そうすると、そういう素晴らしく思うようなものと、たくさん出会う感じがちょっとしました。

ECT　そして、ご自分にとって安定を経験できるものも引き寄せることができます。ですから、このことがどのように成り立っているのかについては、少し面白い部分があるんです（笑）。

銀色　何？（笑）

ECT　変化は永遠に起き続けるという性質を、あなたがより理解し、受け入れることができるほど、さまざまな変化を経過しながらも、あなたはより安定を経験することになるんです。

銀色　私、何となくわかります、それ。だって、ぱーっと自由な気持ちになります。変化ということを認めると想像しただけで。

ECT　なぜなら、そのときにはあなたが自然と調和しているからなんですね。この世界で、これほど多くの問題や苦しみがあるのは、自然と調和していないからなのです。あなたはご存知だと思うんです。何かがこれでいいというときと、そうではないときを。何かが自然と調和しているときと、そうではないときを見分けることがおできになると思います。そして、調和しているときには、今お話しになった自由な感覚がそこにあるんです。そこにある自由に対して、さまざまな規則や条件を持ち込むと、どんなことが起きるでしょう。

銀色 どんなことが起きる？

ECT どうなってしまうでしょう。

銀色 それは何か感覚、気持ちでしか言えないんですけど、苦しくなるんですけど。

ECT そうです。そうすることによって自由が失われるんです。ちょうど細かな砂が握った手からすり抜けて落ちていくのと同じように、そこにある自由にさまざまな規則や条件を付け加えると、その自由が自分の手からすり抜けて去っていくんですね。人々が素晴らしい愛、セクシュアリティー、そして自由などを経験したとします。そうすると、その人はそれらに対して爪を立て始めます、執着し始めます。そして執着すると、結局それらを失うことになるんです。
すべてはすでに変化しているので、そのときをもう一度再現しようとすることは不可能なのです。もちろん、新たな素晴らしい瞬間を経験することは可能です。そして過去の素晴らしい瞬間を記憶にとどめることも可能です。ですが、それらの素晴らしい経験を複製しようとしたり、再現しようとしたりすると、そこにトラブルが起きるんですね。なぜなら、そうすることは自然に反することになりますから。

銀色　かかわる人も同じように変わっていったら、それは苦しくないことですよね。

ECT　もちろんこの場合もケース・バイ・ケースですから、問題が起きないとは言えません。しかし、お互いが変化することを認め合っている関係においては、そこで仮にトラブルが起きたとしても、そのトラブルの割合が低くなるか、お互いにそれを乗り越えていく可能性が高くなります。

銀色　うん。

ECT　でも、自分のパートナーが変化するまで待っていることはできません。変化はまず、自分自身が変化することから始める必要があります。全体的には、ご自分自身のパートナーも、セクシュアリティーと愛について、無条件の愛、無条件のセクシュアリティーに関する認識を持っていらっしゃるほうがいいと言えるでしょう。

受け入れることが最も困難なのは、愛についても、セクシュアリティーについても、そして人生すべてにおいても、常に変化し続ける性質があるということ。そして、この人間として生きる人生は、いずれは終わりを迎えるのだということです。でもそれらは自然の一部です。仮に死というかたちで、自分と自分のパートナーとが別れを経験することになる場合でも、それも自然のひとつの現れですから。

もちろん、その人とのかかわりは別のときに別の転生で、また経験することができるかもしれません。しかしながら、今回の人生においてのお互いのかかわりは、その時点でいわばパーティーの終わりを迎えます。どんな経験にも終わりがあるということから、どちらかというと男性よりも女性のほうが、そのことに関して困難を経験することが多いのです。なぜなら、全体的には女性の皆さんのほうが、より自然と深いかかわりを持っていらっしゃるからです。

そのことに関しては、また後ほど話をする機会を持てばいいと思うのですが、例として次のお話をします。ある女性が素晴らしい男性に出会いました。彼のことが大好きで、とてもいい関係が始まったとしましょう。彼に対して、彼女は愛を感じ始めます。そしてその次には、終わりを迎えることについて考えたり、感じたりし始めます。これはいったい、いつ終わってしまうんだろう、この関係はどのくらい続くものなのだろうと。

多くの女性は恋愛関係が始まって、最初の二〜三週間以内に、その関係の終わりに対して準備を始めるんです（笑）。

銀色 そうなんですか（笑）。

ECT そのことについて少し考えてみてください。もちろん、これがあなたご自身の問題であると言っているわけではありません。

銀色 男性は違うんですか？

ECT 彼らも同じような経験をします。でも割合としては、女性がこの経験をすることのほうが高いんですね。先ほどお話ししたように、女性のほうが、より自然と密接なつながりを持っているからです。この自然の中では、この世界では、すべてはいずれ終わりを迎えるのだということを女性はより自覚しています。そして、自然の中で起きるさまざまな変化のサインも感じ取ります。こうしたことから、男性に比べると女性のほうが終わりを意識するということが多いのです。

銀色 私はその（終わりを意識する）気持ちが強い気がするんですが。

ECT　そうです。

銀色　うん……。（沈黙）

ECT　ここで私がこのことについてお話ししたかったのは、終わりというものは自然の一部であるとはいえ、その終わりに意識の焦点を合わせすぎると、それが磁石のように引力を発する性質があるということなのですね。つまり、関係が始まった最初の段階で、終わりについて意識すると、その終わりをより早く経験することになるのです。今の点はよろしいですか？

銀色　はい。すごくわかります（笑）。

ECT　読者の皆さんの中にも、このことを理解される方がいらっしゃると思います。人生を生きる人のひとつの例として、自分の経験を他の人々に伝えることができる、銀色さんのいわば〝伝染する〟資質がここにも現れているんですね。
それでは、これをどのように解決すればいいかについてですが……。

銀色　あるんですか（笑）。

ECT　もちろんです（笑）。どんな問題でも、その問題を想像することができるものには、常にそれに対する解決方法があります。この解決方法のひとつは、ここに何も問題があるのではないということを知ることなのです。つまり、自分は自然にかかわっているということを知ることです。

しかし、より有効な解決方法があります。それは、お互いの関係が、いつ、どのように終わりを迎えるのかということに関しては、自然に面倒を見させてやるということです。そしてお互いの関係が続いているときには、その関係を十分楽しむことをお勧めします。結婚指輪を身につける前の段階で、離婚届を用意していなければならないということはありません（笑）。その瞬間その瞬間を、そして、その日その日を十分に経験していかれるのがいいでしょう。終わりを迎えるときには、終わるわけですから。

銀色　そうします（笑）。

ECT　このあたりで休憩をするというのはいかがでしょうか。

銀色　はい。

ECT　あなたとこのように時を過ごすことができたことは、私にとってはとても大きな喜びです。そしてあなたを愛する人々の存在を感じることができて、それは私にとっては深い喜びです。あなたの読者の皆さんのことを私は言っています。

銀色　ありがとうございます。

ECT　それでは、またすぐにお目にかかることにしましょう。

セッションを終えて

Comment by Giniro Natsuo

まいりました。最初の質問だけは考えていったほうがいいと思って、何となくぼんやりと「人を愛するってどういうことですか?」という漠然とした質問をしたばっかりに、セクシュアリティーという、人前で語ることの中では、私の最も苦手な分野へ。超テレました。でも、しょうがないので、ドキドキしながら聞いていたら、「今の私の言葉に対して答えていただく必要はありません」と言ってくれて、さすがにわかってるなと思いました。鋭く切り返せなくて悔しかったです(ウソです)。

転生があるとしたら、過去生で男性や女性、いろいろな経験をしたことがあると思うかという質問で、私は「はい」と答えましたが、私はよく、自分が男で、かつて女性を愛していたような気持ちを感じることがあります。私は男性からの視点の詩をよく書くのですが、そういうことも関係するのかなと思いました。

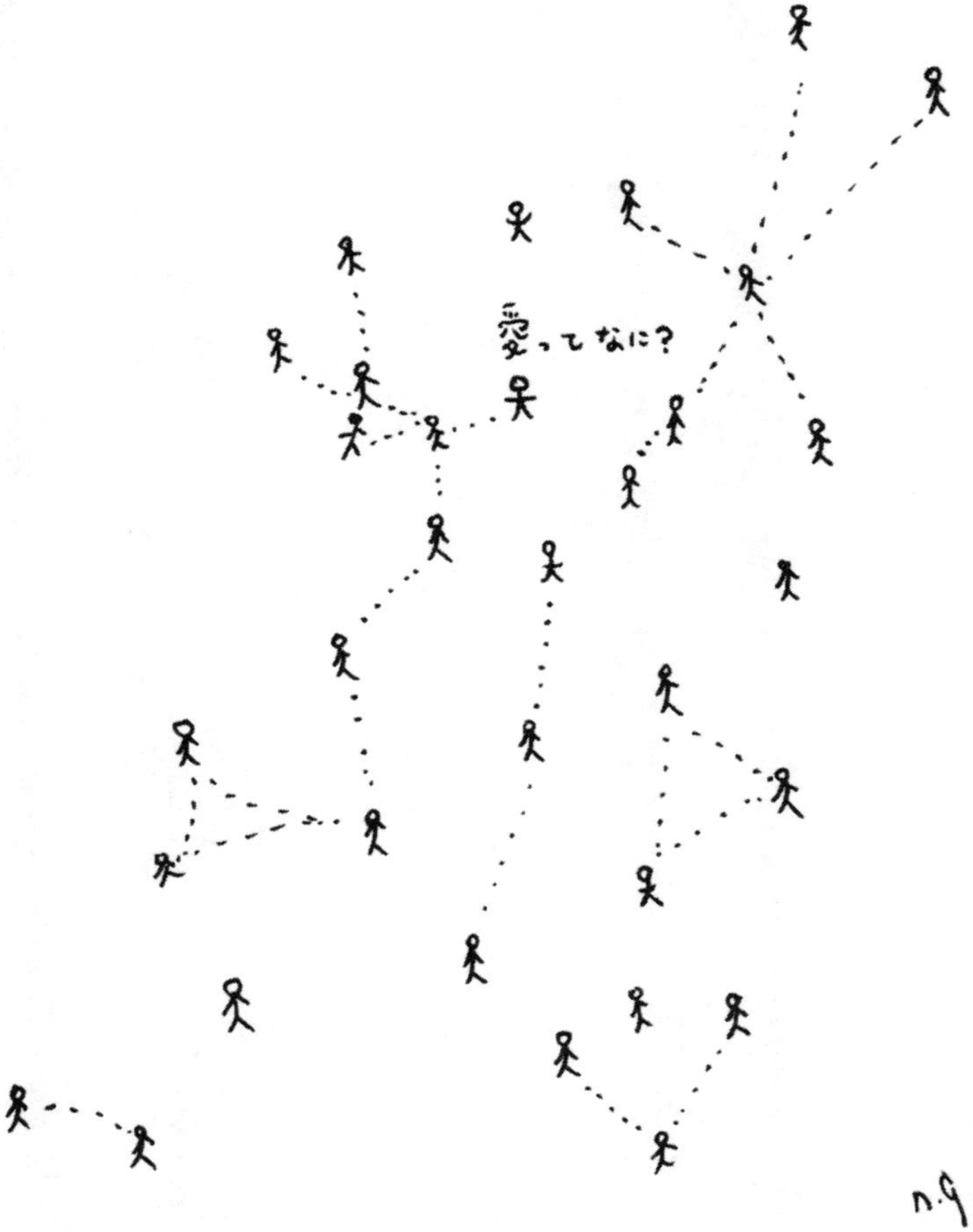
愛ってなに?
n.g

Session 2

2011.1.11 15:15 ~

ECT　銀色さん、再びこんにちは。

銀色　こんにちは。

ECT　それでは、また私たちの探求を続けていくことにしましょうか。

銀色　はい。

ECT　それでは、これからどこに進めていかれたいですか？

銀色　さっき出ていた話の流れからなんですが、変化を受け入れると安定していくということが出ました。私はすごくわかったんですけど、読者の方でわかりにくい人がいるかもしれないので、そこを聞きたいんです。私がわかったと思ったのは、変化を受け入れるということは、これはこうだと決めていた枠をどんどん外していくような作業でもあると思うんです。そうすると自由な気持ちになって、怖れとか不安とかがなくなる。そうすると安定するみたいな感じがすっと浮かんだんです。

ECT　基本的に私もそれと同じ意見です。それに加えて、自分は時間と空間から成る三次元の世界に関わりを持っていて、ここでは自分の設定した目的や結果を得るためには、現実的にケアする必要のある部分もあるということを、心にとどめておかれるといいでしょう。

今、言ってくださった表現、言い方なのですが、非常にシンプルで心惹かれるものを感じます。長期的に見ると、自由そして成功はあなたのものになると思います。もちろん、あなたご自身に限らず、その道を選ぶすべての人々にとってということです。そうではあるのですが、その過程にはさまざまな凹凸があるかもしれません。

すべてが変化してゆく中で、その変化を受け入れやすいものもあるでしょうし、生きてゆく中には変化を受け入れることがたやすくないと感じることもあるでしょう。安定を感じる日もあるでしょうし、そうではない日もあるでしょう。しかし、すべては変化するものだと受け入れることをご自分の心の中で深く決めておかれると、変化の過程にはさまざまな出来事はあるでしょうが、その中でひとつひとつ、自分がより自由を経験する方向に向かうためのステップを踏んでいくことになるでしょう。

物事は必ず変化するということを受け入れない人について、考えてみてください。もちろん、あなたがそうでいらっしゃるわけではないのですが、この惑星に今生きている大勢の人が、そのことを経験しています。彼らは古い世界に住んでいる人々であると言えます。そして、物事は変わらないという幻想を維持するために、多くのエネルギーを消費し続けながら生きることになります。そこから幸せが生まれるでしょうか。あるいは、そこから惨めさが訪れるでしょうか?

私が観察したことから言わせていただくと、変化を受け入れることをしない人は、結果的に幸せを経験しないことになります。でも、ここでお話ししているのは進化に関係がある出来事であり、長い時間がかかることでもあります。これは、ある観念、ある意識の状態から新たな観念、新たな意識の状態への移行の過程そのものですから。

もちろん変化、そしてその変化を受容するということを瞬間に実現することが可能な場合もあります。しかし、それらは日々、毎瞬毎瞬の選択によるものなのです。そして先ほど私がお話ししたように、あなたが自然との調和を保っていればいるほど、より安定と自由を経験することが可能になります。

自然との調和を経験するうえで最良の方法のひとつは、自然がどのように成り立っているのかを観察することです。自然において、いかに変化が起き続けているかを見守ることです。自然において、生、そして死のサイクルが常に常にどれくらい繰り返されているかを見守ることです。毎年毎年、外見上は同じ季節を繰り返しているように見える場合でも、そこには常に変化があることを知ることです。

今年の春に起きたことが去年の春に起きたことと似ているように見える場合でも、そこには必ず変化が起きています。私は外見上、複雑に見える物事に対してシンプルさを取り入れる、その銀色さんの考え方を好みます。なぜなら、人生の全体的な質をよりよいものにするために、シンプルな真実ほど吸収しやすいと同時に有効であるからです。よろしいでしょうか。

銀色 変化を受け入れにくい人がたくさんいると同時に、人が変化することを許さない人もたくさんいて、それもまた結構、面倒くさいんですよね（笑）。たとえば私は活動の仕方を変えたんですけど、言っていることは変わっていなくて、ただちょっと表面的に動きを変えただけなんですけれども、そういうのを受け入れ難いと思う人がいる。私は別にいいんですけど、いいんだけど、いるなと思うんです。それはそれでほっておけばいいんですか（笑）。

ECT そのままにしておく以外に別の選択肢はあるでしょうか？

銀色 ないです（笑）。

ECT それ以外にどんな選択肢があるかというと、「過去に自分の大ファンだった人が最近そうではなくなっている。そのことに関してどうしようか、でも自分にはどうしようもできない」と、座ったままじっと考え悩み続けることになります。それは銀色さんご自身にとって有効な人生の生き方だとは思いません。

通常、今まであるルールで生きてきた人が、ある時点からそのルールを変えたときに最も影響を受けるのは、そのルールを変えた本人です。〝熱と圧力〟（heat and pressure）を受けるのは、その規則を変えた本人なのです。ですから、今の話の流れの中では、銀色さんが今までとやり方を変えたわけですから、さまざまなかたちで熱と圧力を一番受けやすいところにいらっしゃると言えます。

ご自分の変化に対して心地よく感じていない人がいるとき、彼らがなぜそのように感じているのかということに関して、考えてあげようとする時間を持つのは役に立つと思います。そして心地悪く感じている人に対して、相手によっては直接その人に対応してあげたいと感じることもあるかもしれません。なぜなら、このような場合は、今まで過去の自分しか知らなかった人々に対して、今や自分がどのような変化を経過しつつあるのかを説明してあげる責任は、変化を起こした本人にあるからです。

基本的には銀色さんは、いわばゲームのルールを変えていらっしゃることになるんです。ところが、そういう変化を心地よく思わない人々の中には、表現方法は変わった、かたちは変わったけれども、銀色さんご自身が変わったわけではないのだということを理解されていない場合があるのでしょう。

銀色さんは自分をひとつの実例としてほかの人々に見せ、それがほかの人々に伝達されてゆく、伝染していく資質をお持ちです。ですから、それに接した人々が自分自身の内側に、見直さなければならないもの、変化しなければならないものがあるけれども、自分がまだそれを見る、あるいは必要な変化を起こすことに対して心地よく感じていないとき、銀色さんの変化を心地悪く感じるという反応をする場合もあるでしょう。

銀色 それは私も感じます。その人の中にあるものが浮かび上がってきていると思うこともよくあります。

ECT はい。ということは、別の言い方をしますと、そういう人々の反応を自分自身の責任だと背負うことはないということです。同時に、そのような経験をしている方々に対して批判をする必要もないと言えます。彼らは何であれ、彼らにとって必要な経験を今、経過している最中なのですから。人々はあなたと一緒に成長しているのです。心地のいいときも困難なときも、銀色さんと一緒に成長を続けてきています。そして銀色さんも彼らと一緒に成長していらっしゃるのです。ですから、これは相互的な経験になるのです。

銀色 ちょっとなじまないと思う人がいる半面、でも実は、そういう人はそんなに多くはないんです。私がツイッターとかを始めて集まってくる、つながる人の数のほうがもっと多くて、それで何か新しい動きというか、今、エネルギーが生まれているのを感じるんです。

ECT 今、感じていらっしゃることは正確だと思います。あなたご自身は、変化に対する自分自身の自然な欲求と調和しながら生きていらっしゃいますから。ですから、その変化の中で、先ほどもお話ししましたが、人によっては自分なりの別の道を歩むことを選ぶ人もいます。そういう人々に対しては、どうか彼らの選んだ人生の道を祝福し、そして手放してあげてください。

ほかにいかがでしょう。

銀色 さっき、ツイッターとかでつながっている人たちからの質問がきたんですけど、「こんなふうにみんながつながって、私たちはどこに行くんでしょう」という質問がきたんです。

ECT もう一度、質問を繰り返していただけますか。

銀色 はい。ツイッターでたくさんの人とつながった中のひとりの人が、エネルギーの渦みたいな感じでどんどん集まってきて、反応がすぐ返ってくるみたいな中で、ちょっとドキドキするような感じなんですけど、このまま私たちはどこに行くのでしょう、みたいな、どこかに行っている感覚があるらしいんです。何かに向かっているような。

ECT　では、ご自分自身はどこに向かっていきたいと感じていらっしゃいますか？

銀色　……私が行きたいところに行くということなんでしょうか。

ECT　この変化にかかわっている一人ひとりにとって、どこに向かいたいかは違うものになるでしょう。ひとつだけ共通の方向があって、みんながそこに向かうということではありません。みんなが一人ひとり自分の向かいたい方向を選ぶことができます。
私の知覚の範囲を少し変えて、この質問をしてくださった方のエネルギーをスキャンさせていただいたところ、内面的に孤独な状態から、ほかの人々といろいろなかたちでつながって、より意味深い交流を進めていく、そのような方向への変化が感じられます。
そうではあるのですが、かかわっている人々がどの道を選ぶのか、どの方向に進むのかは、一人ひとり選ぶ必要があります。
もちろん、社会やコミュニティーは素晴らしいものをたくさん提供してくれます。しかしながら、それらが存在するからといって、個人として維持する必要のある個人性が、それらによって置き換えられるわけではありません。もっと全体的に言えば、あなた方はこの現実において、より愛を経験する方向へと進んでいらっしゃると言えます。

銀色　ん？「あなた」って誰のこと？

ECT　今、ここで私がお話ししているのは、まずは銀色さんご自身のことであり、そして読者の皆さん、かかわっている皆さんのことなのですが、さらに大きくこの話を広げていきますと、この世界全体に同じことが言えるのです。今、新しい世界が開こうとしています。そして、新しい世界において、その社会やコミュニティーとどのようにかかわっていくのかということに関して、全体的にも同じことが起きているのです。でも、ここで私がお話ししているのは、何も銀色さんが新しいカルト集団をつくればいいといったことではありません。銀色さんは自分に関する新しいことを発見し、そしてそれを読者の皆さんと分かち合っていらっしゃいます。それを読む人もまた、自分の内側にあることを発見し、そして分かち合っている。これは銀色さんと読者の皆さんだけに起きていることではなく、今、地球規模で起きていることなのです。

銀色　私自身がこれからどこに行きたいかというと、愛を携えた自由、より自由に、という方向に行きたいんです。

ECT　そのことを実現するために、簡単な方法がひとつあります。

銀色　何ですか？

ECT　銀色さんがこれからご自分の望む方向に進んでいかれることを、最も簡単に実現する方法のひとつは、ほかの人々も同じような状態を経験できるように助けてあげる、十分にサポートしてあげることなのです。そのことを通して、銀色さん自身も望んでいる方向に最もたやすく行くことができます。

ここでお話ししているのは、銀色さんにかかわるすべての人々に対して、銀色さんの考え方に従うことを求めるということではありません。そうではなく、一人ひとりが自分自身の真実をいかに生きるか、それをいかにサポートしてあげるかということなのです。そうして、その過程において、できるだけ喜びや楽しみを経験しながら進めていくということです。

ほかにいかがでしょうか。

銀色　また急に話が変わっていいですか?

ECT　どんなことでも構いません。

銀色　みんなが悩んでいたり、気になることに「嫉妬」と「執着」があると思うんですけど、それをどうすれば、あまり嫉妬しないようになるかとか執着しなくなるかという、何かいいアドバイスがあれば。

最初に理解していただきたいことがあります。それは、嫉妬と執着は愛の副産物として存在するということです。前回のセッションで少しお話しする場面がありましたが、ある環境や状況に愛をもたらしたとき、その環境や状況の中にもともとあった、愛ではなかったすべてのものが共鳴し、表面化し、浄化され、解放される必要があります。そこに含まれる二つの要素として、今お話しになっている嫉妬と執着があります。ですから、それに対する単純な解決方法のひとつは、無条件の愛を注ぎ続けるということなのです。それによって、表面化したものが十分に浄化され、解放されるようにしてやるということなのです。

その過程で困難に感じられる部分、チャレンジだと感じられる部分はどこかというと、表面化してくるさまざまなものを感じたり経験したりすることを、自分自身に許しながら進んでいくという点です。それは、自分があるとき不安定な感情を経験しているからといって、それによってほかの人々も惨めにすることが正当化されるということではありません。ここで私がお伝えしたいのは、それらのフィーリングは感じてもいいのだということと、責任のあるかたちで表現するのであれば、それらのフィーリングを表現してもいいのだということです。

嫉妬についてお話しします。たとえば、あなたが嫉妬を感じていて、それを表現する機会を持たなかったとしましょう。そのときにはどんなことが起きるでしょう?

銀色　何か嫌な気持ちになる。

ECT　そうですね。なぜなら、それは表現される機会なく、自分の内側にとどまったままだからです。それはまるで自分自身のソウルが感染したかのような状態なのです。自分自身の肉体に何らかの感染が起きたときには、たとえば医師がやってきて、その部分を切って、体の中の毒となるものを出さなければなりません。その過程は心地よくはありません。しかしながら必要なことでもあります。あなたは、たとえば嫉妬、またはそのほかの心地よくはないさまざまなフィーリングに対して、何らかの意味において「悪い」ものだとお考えでしょうか。そのように感じていらっしゃるでしょうか。どうでしょう？

銀色　ちょっとあります。

ECT　私の相対的な視点からそのことに関して言わせていただくと、今、言ってくださったことは真実ではありません。

銀色　どういうこと？

ECT　私の視点から言えば、それらのフィーリングは「悪い」のではなくて、単に「心地よくない」フィーリングだというだけです。

銀色　そうですね。その感じたもの自体が「悪」なわけじゃないですね。

ECT　心地よくはないけれど、悪いわけではない。人によっては、すでに自分が嫉妬を感じているとき、さらに嫉妬を感じるべきではないと考え、その二つの状態によって自分自身が深く傷つく場合があります。

銀色　私は結構そうなります。

ECT　そこで、どのようにすればいいのでしょうか。どうお考えですか?

銀色　私? 私は解決できていないからわからないんだけど、今、考えます。……やっぱり嫉妬するのは自然な気持ちなので、好きだから嫉妬しちゃうというのは自然な気持ちだと思うんです。でも、自分の気持ちがすごく広がって気分がいいときは、あんまり嫉妬も感じないんです。

ECT

まったくその通りです。今話してくださったように、より気持ちが広いときは、ご自分自身が無条件の愛に向かってこれから進んでいこうとする意志がそこに現れているんです。愛と愛ではないものは、同時に存在することはできないのです。これらのエネルギーは、同じスペースを占めることはできないものなのです。

困難な感情を経験しながら、それを経験している自分を愛してあげることはできます。あなたの内側に何らかのかたちであなたに害を及ぼすものがあったとき、そこに無条件の愛がもたらされればもたらされるほど、それは浄化され洗い流され、解放されるために表面に出てくるので、その状態に対してさらに無条件の愛を注ぎ込み続けてあげればいいのです。それによって、完全にそれらは浄化され、解放されていきます。

嫉妬にどのように対応するかということについて、現実的な例で見ていきましょう。誰か好きな人がいて、その人に対して嫉妬を感じたとします。ひとつの例ですが、あなたはその嫉妬を感じたとき、相手に対して「あなたが別の女性を見ているとき、私はあなたに嫉妬を感じます」と表現しようとなさるでしょうか。それとも、自分自身から湯気が上がるほど嫉妬を感じていても、表現しないようにするでしょうか。どちらかというと、どちらでしょう?

銀色

私はあまり表現しませんでした。

ECT　責任のあるかたちで自分の感じている嫉妬を表現することは、何らかの意味で悪いことでしょうか。

銀色　いいえ。

ECT　その通りです。ここでのキーワードは、「責任のあるかたちで」という点なのです。

銀色　どういうかたちですか？

ECT　これから二つのフレーズを言いますので、お聞きになってください。
「ねえ、あなた、二人で外出しているときにあなたが別の女性を見ることに対して、私はとても嫉妬を感じるんです」
それでは、もうひとつのフレーズを言います。
「ねえ、あなた、二人で外出しているときにあなたが別の女性を見たせいで、私はひどい嫉妬を感じることになりました」
この二つの表現のうち、どちらがより責任のある表現だと思われますか？

銀色　最初のほうです。

そうです。それは最も責任のある表現のかたちなのです。つまり、自分が感じていることを自分のものとして受け入れる視点から話をしていますから。それに対して二つ目の表現は、相手を責めています。責めるということは、結果的に自分は相手の犠牲になったという視点の反映であり、自分にはパワーがないと感じるに至る表現なのです。

こんなふうに振り返ってみてください。ご自分のこともそうですし、まわりの人々のこともそうです。どれだけ頻繁に何々のせいで自分はこうなった、誰々のせいでこうなったという表現を使うでしょう！　それらはすべて自分自身の本来持っているパワーをなくす表現なのです。それらは無責任な表現であるとも言い換えることができます。

たとえば、とても腹が立っていたとします。そして話すときに、いつもより大きな声で話すことになったとします。そうであっても、私がここで感じていること、このフィーリングは私のものなのだという視点から表現をするときには、自分自身の個人的な責任を受け入れた視点から表現をしていることになるんですね。

「ねえ、あなた、二人で外出しているとき、あなたが別の女性を見ることに対して、私は嫉妬を感じるんです。だから私は、それをやめてくれることを望みます」と。そうすると、自分の役割はそれで果たすことができたことになります。最も責任のあるかたちで、です。感染したものが自分のハートやソウルにそのままとどまるのではなく、責任のあるかたちで表に現すことができたわけですから。

そして自分の感じているフィーリングに対して、それは自分の責任であると認めています。責任のあるかたちで相手に対して変化、または軌道修正を求めています。その時点であなたは責任を果たしたことになります。そこまでが自分の役割なのです。それに対して彼がどのように反応するのか、対応するのかは、彼の責任であり彼の役割なのです。そして、このような課題に対して望まれるのは、そこからお互いの間で建設的なやりとりが展開されることです。今のように、自分が感じることを責任のあるかたちで彼に伝えているにもかかわらず、彼がそれに対して今までの振る舞いを変えないのであれば、最終的に、その人と今までと同じようにかかわり続けたいのかどうか、自分で選ぶ必要も出てくるでしょう。よろしいでしょうか。

銀色　はい。あと、すごく力強く自分を感じるときは、そういう嫉妬心とかもなくなっちゃうんですけど、シュンとしたときとか元気がないときは、そういう気持ちがわき起こったりするんです。そこでいつもパワフルでいられる方法はありますか？

ECT　どうかローラーコースターを楽しんでください。人生なのですから。まったく同じ状態のまま生き続けている人をどなたかご存知でしょうか。

銀色　いいえ。

ECT　もしもそういう人がいたとしたら、この宇宙の中で最も飽き飽きする人だとお感じになると思います。ハイなときもなければローのときもない。とにかく同じ状態のまま、まるで放送されていないテレビの画面を夜中に眺め続けているような状態だと感じることでしょう。

銀色　しょうがないんですね。

ECT　「自分自身から逃れるすべはない」と言うことができます。つまり、自分自身がその瞬間に感じていること、そして経験していることから逃れるすべはないということです。しかし、困難な時間を短くして、心地よく感じられる時間をより長くするすべは、もちろんあります。

銀色　それを教えてください。

ECT　さまざまな感情がわき上がってくるわけですが、ある状況、ある環境においては、そのときにわき上がる感情は心地悪くても、その環境においてはパーフェクトな場合もあることをまず理解することです。たとえば、それが人であれ、動物であれ、自分が心から愛する相手が死んだとき、または自分の元を去っていったとき、どのように感じるでしょう？

銀色　悲しく感じます。

ＥＣＴ　そうですよね。ほかにいかがでしょう。

銀色　ほかに？　悲しい以外に？

ＥＣＴ　ほかにどんなことを感じる可能性があるでしょう。

銀色　寂しいとかつらいとか、そういう感情でしょうか。

ＥＣＴ　深い苦しみ、孤独感、そして死ぬというかたちではあるけれど、なぜ自分を置いていったのだという怒りのような感情など、いろいろなものが出てくるでしょう。自分の人生の中でとても大切なものが失われたり、去ったりしたとき、それに応じてさまざまな感情が出てきます。それらは心地よくないものなのですが、それらひとつひとつを責任のあるかたちで認め、受け入れ、感じるということを続けていけばいくほど、その困難な時期はより短くなるのです。

ですから、幸せとか心地よさを深く感じる状態をより経験したければ、困難であったり、苦しい経験をしているとき、それを十分受け入れ、感じてあげることが大切なのです。それから隠れようとしたり、逃れようとしたりしないことです。ただ、その瞬間、自分が感じる必要があるものを感じるようにするんです。

もうひとつ付け加えさせてください。何かの痛みを経験していらっしゃるとき、または悲しみや孤独を感じていらっしゃるとき、そのときのひとつの対応方法として、誰かにその経験を話す機会を持つことが役に立つ場合もあります。誰かに話す目的ですが、いかに自分がかわいそうなのかを「私って何てかわいそうなんでしょう」という姿勢から話すということではありません。相手に伝えることによって、自分自身がより感じたい、ありたい状態に向かってそれを乗り越えていくために、感じる必要があることを十分に感じ尽くす過程のひとつとして、自分の経験を話す機会を持つようにされるといいでしょう。

銀色　じゃあ、私が仕事でやっていることはそれですよね。エッセイで書いていること。

ECT　その通りです。そして、読者の皆さんがそれを読みながら、同じような経験をされています。覚えておいてください。あなたという存在は、読者の皆さんの鏡でいらっしゃるということです。

銀色さん自身が自分の内側で起きていることをエッセイに表すというかたちで、浄化したり表現したりする過程のひとつとして、そこに作品があるわけなのですが、それを読む人も、その作品を読みながら、自分自身の中で浄化の過程を経ています。感じる必要があることを感じ尽くすという過程を経ています。さらに、その影響はその方個人にとどまるのではなく、その方が自分の家族や友達にも同じように、自分が感じることをそのまま正直に表現することによって、まわりの方々にも広がっていくものだということです。

銀色 それは実際に感じることがあります。

ECT なぜなら、あなたがそのようになることを望んでいらっしゃるからなのです。

銀色 私自身が?

ECT そうです。作品を書くときに。ご自身がそれだけパワフルな存在だと認めてあげることはおできになるでしょうか。

銀色 最近は認めています(笑)。

ECT　そして、あなたの読者の皆さんもそれだけパワフルな存在でしょうか。

銀色　そうだと思います。

ECT　そして、そのようにパワフルな人々同士が直接、または間接的に出会って交流することになったならば、そこからどれほど素晴らしいものが生まれるか想像してみてください。

銀色　はい。ドキドキします。

ECT　これほど大切で、そして大きなことの一部として、自分が今の経験をしているということですから。この常に変化し続ける世界というものを、数えきれないほどたくさんの歯車を持った巨大なマシンであると想像してみましょう。そしてひとつひとつの歯車は、一人ひとりの人間を意味します。一人ひとりが、この巨大なマシンが変化し続け、機能するために貴重な部分なのです。そして、今、この言葉を読んでいる人の一人ひとりが、大きなマシンのひとつの貴重な歯車なのです。

銀色　私もよく思います。不必要なものはないということはよく思います。

ECT　とてもいいポイントです。読者の皆さんに語りかけるとき、私がなぜ今のような語りかけ方をしているのかというと、読者の方々の中には、自分自身にとてもパワーがないと、今、感じている方がおられることを感じるからです。そして、そのような人々が銀色さんのことを思い、何らかのかたちで自分がそこからインスピレーションやサポートを得ることを求めていらっしゃるからなのです。

そのような人々に理解していただきたい大切なことは、その人たちが外見上、銀色さんから得ていると思われるインスピレーションやサポートは、実はその人たち自身が銀色さんという存在を鏡として、自分自身から引き出している、自分自身が花咲く過程の中で引き出しているパワーやサポートなのだということです。

銀色　それもよく思います。

ECT　今、まさに銀色さんがおっしゃったことこそ、この本の読者の皆さんに読んでほしい部分です。つまり、あなたはとてもいい鏡として存在していらっしゃるということです。

銀色　それは昔から本当に自覚しているんです。

ECT　そして、いい意味で〝伝染する〟性質をお持ちです。

それでは、もしよろしければ、ここでいったんリチャードに体を返してあげようと思います。

銀色 はい。ありがとうございます。

ECT どういたしまして。ありがとうございました。このようにオープンでいてくださってありがとうございます。そして、あなた自身の魂をここで私に見せてくださっていることに感謝します。
それでは、またお目にかかることにしましょう。

セッションを終えて

Comment by Giniro Natsuo

変化を受け入れ、自然との調和を保つと、より安定と自由を感じることができるというのは覚えておきたい言葉だと思いました。人生の質を上げるためにはシンプルな真実ほど吸収しやすいと同時に有効である、というのも納得できました。あと、自分が望む方向に進むことを最も簡単に実現する方法のひとつは、他の人々も同じような状態を体験できるよう助けてあげること、というところも参考になりました。幸せを長く、困難な時間を短くするコツは、困難な感情を感じたときに、そこから逃げずに、その感情を十分に感じるようにするというところも、なるほどと思いました。

私のことを前もってエクトンに伝えたわけではないのですが、まるで知っているかのように話してくれるのが面白いです。なんでもお見通しなんですね。だったらきっと、もっと他のこともわかってるのでしょうね……(笑)。

嫉妬や執着ということに関しての私の短い質問にエクトンは長く答えていますが、別の言い方をすると、エクトンの答えに対して私の質問が短すぎると思われるかもしれませんが、私が質問する時、私はそれを発する背景にたくさんの人の思いや感情を背負って質問しているわけで、その背景を言葉にしなくてもエクトンはとらえ、それに対して答えているので、それぞれの人々の思いを次々に汲めば汲むほど、答えはいくらでも長くなり得ます。言葉を超えたところで質問をしているので、答えはちゃんとそれを必要とする人へ届くことになると思います。ある意味、私はパイプ役なのです。

みんな 鏡 をみている

そこには 自分が うつってる

n.g

Session 3

2011.1.11　16:40 ~

ECT　銀色さん、再びこんにちは。

銀色　こんにちは。

ECT　それでは、これからどこに旅を続けていけばいいでしょうか。次の私たちの冒険は何にしましょうか。

銀色　はい。これもたくさんの人がいつも聞きたいことなんだと思うんですが、自己表現とか自己実現、それから成功するということ、そしてお金について聞きたいんですけれども。成功する秘訣というのは、私は自分なりに思っていることがあるんですけど。いいですか、言って。

ECT　はい、どうぞ。聞きたいと思います。

銀色　私が思う成功する秘訣は、自分自身であること、自分自身でいることなんですけれども。でも、これは成功の意味というのでまたそれぞれ違うと思うんですが、私にとっては一言で言うとそれです。たぶん多くの人が知りたいのは、もっと現実的な自己実現と成功する秘訣、そしてどうしたらお金が入るかということだと思うので、そういうみんなが聞きたいような方向から入っていただいて。

ECT

自分自身であるということ、または自分自身に対して正直であるということについてなのですが、そうあるためには、自分自身はどのような存在なのかということに関するある程度の認識を、自分がすでに持っている必要があります。先ほどの愛について語った部分に少し戻ると、私の話を聞いてくださる方の中で、不満を伝えてこられる方がいるんです。それは、「エクトン、あなたは愛について話をするけれども、私は愛が何かはわからない」というものなのです。

愛を認識することに関する、長いまたは短い自己表現と自己認識の旅は、そこから始まります。自己というものは、ある種の説明や視点の変化、経験などを必要とする、不可解な概念のひとつです。多くの人々にとって自己とは、単なる言葉として認識されているものです。そしてこの自己という言葉を使うとき、多くの場合、そこにはあまり実質的な意味は含まれていません。なぜなら、そこで語られる自己というものは、そのまわりに広がる世界と密接なかかわりを持って存在しているからです。

多くの場合、これは読者の皆さんにも、ほかの多くの方々にも同じことが言えるのですが、子供の頃、「自分はこのような存在なのだ」と教えられてきた、さまざまなことがあります。その人にとってはそれらが自己であると認識されるわけです。ですから自己というものは、まるでコンピューターの長期プログラムの集合体のようなものである場合があります。幼い男の子や女の子がさまざまな教育を受け、さまざまな考え方を受け取り、どのように振る舞うのか、どのように物事を見るのかに関しても教えられ、そしてそのように自分自身を生きていくわけですから。

ところが、一人ひとりそれぞれの人生の中で、ある発見がなされるときがやってくるんです。あなたご自身にとって「ああ、なるほど」という瞬間がいつ頃きたかについて、あまり詳しく掘り下げるつもりはありませんが、ある程度の見解は私の中であります。

それは、自分という存在が、単に子供の頃から受けたさまざまな条件付けの集合体であるだけではない、という自覚が生まれたときです。そして自分という存在は、ほかの人々が自分に対して抱いてきたさまざまな期待の集まりだけではないということを自覚したときです。さらに、自分という存在は、自分以外の人々が自分に対して抱いてきたさまざまな夢や願望というものを単に映し出すだけの二次元的な存在ではない、という自覚が生まれたときでもあります。

それは、あなたが自分は二次元の存在などではなくて、三次元の存在として生きて呼吸をしているということを自覚したときでもあり、独立した個人として存在するものであるということを知ったときでもあります。あなたご自身にとって、この自己というものを認識されたとても大切な瞬間は、一度目の結婚と二度目の結婚の間のどこかで訪れたと私は感じます。

それに先立って、そのことが起きるための、小さな目覚めを呼び起こすような出来事があったことでしょう。結果的に、あなたにとって、自分が生きたくない人生を生き続ける必要はないのだということを自覚する瞬間が訪れたのです。それは、自分が心から人生を共にしたい、一緒にいたいと思わない誰かと一緒にい続ける必要はないということを、自覚された瞬間でもあります。自分には自由があり、そして選択をすることができるのだということを自覚されたときでもあります。自分の人生において、自分の方向を決める能力を持っているんだということに気づいたときでもあります。
そのような気づきを振り返ったとき、「このときが大事な出来事だった」「これが大事な経験だった」と思われるようなことは記憶にあるでしょうか。

銀色 いや、特にこれってないんですけど……(今思うと、離婚を決意したときかも)。

ECT ではあるにしても、明らかに今私がお話ししたことが銀色さんご自身の振る舞いに反映されています。私が今お話しした時期というのは、あなたの人生の中でさまざまなドラマが起きていたときでもあるでしょう。対応しなければならなかったことがいろいろと多かったので、意識的にはそのようなシフトが起きたという記憶はないかもしれませんが、でも、その変化が振る舞いや行動に現れています。
「自分が自分の現実の経験を選んでいる」という、三次元的な記憶に対して自分が開かれたとき、自己の真の性質が明かされ、認識され始めます。先ほどの会話の中で、一人ひとりがまるで大きなマシンの歯車のように機能しているということをお伝えした部分がありました。それと同時に、歯車ではあるけれども一人ひとりが個別のソウルとして存在しているということも真実なのです。その個人として自分が存在している、個人的なソウルとして存在しているということの自覚が、真の自己を発見するうえでとても大事な部分なのですね。

それは、個人にとって自分という存在は必ずしもまわりの世界によってつくり出されるのではなく、逆に自分自身がまわりの世界をつくっているという自覚に至るときです。それは、自分はもはやパワーがない、まわりの世界との関係において犠牲者として存在しているものではなく、逆に自分自身がまわりの世界をクリエイトする存在なのだという自覚をしたときでもあります。

そのような瞬間がどのように、どんなかたちで訪れるかは個々人によって異なります。なぜなら一人ひとりがさまざまに異なった状況、異なった環境を経験し、そして異なった教育を受けてきているからです。それらにどのように対処しなければならないのかも、個々人によって違うわけですから。

ほかにも、人生を生きていくうえでいくつかの大事な瞬間があります。そのひとつは、今まで自分の親をまるで神のように見ていたけれども、実は自分の親たちは神というような存在ではなかったのだということを自覚するときです。そしてもうひとつの大切な瞬間は、男性であれ女性であれ、欠けるところがなく完結した、十分に豊かな人生を経験するために、必ずしも恋愛のパートナーが存在しなければそれが実現しないわけではないということを、自覚する瞬間でもあります。そしてもうひとつ、人生において大切な自覚が訪れる瞬間とは、自分の人生に起きていることは、どんなものであれ、何らかのかたちで自分が欲したものがそこに現れているということを自覚するときです。これらひとつひとつの自己認識の瞬間が積み重なっていき、あなたはより力強くなります。より賢明な存在になります。あなたの思考や感情の幅が、それらによって広がっていきます。あなたの愛の器が広がっていきます。それによって、あなたが望んでいる成功を引き寄せる磁石のような存在になることができるんです。

成功とは何を基準に見るのかについて、何回も私は伝えてきました。自分のポケットにどれだけの金銭があるかということが基準なのではありません。そうではなく、あなたの存在、あなたのハート、あなたのソウルにおいて、どれだけ自分が成功しているというフィーリングを感じているかによって、成功の状態を推し量ることができるんです。真の成功とは、外的な状況や状態によってではなく、あなたの内面的な感情や思考の在り方によって推し量ることができるものです。

でも現実的には、人間として生きていると支払いはしなければなりません。そして子供たちを育て上げなければなりません。テーブルの上に食事がある必要があります。自分が責任を担っている人々のすべてのニーズが、「自己とはどういうものか」について考え続けることによって、現実的に必ず満たされるわけではありません。しかし、あなたが自分自身に対する認識を深めることができればできるほど、その内側にある自己認識が外の世界により反映されやすくなります。

たとえば、アーティストとして生きている女性のことを考えてみてください。その人は、言葉を使って芸術作品を作りたいと感じているかもしれません。または写真を通して、そのほかのさまざまなかたちで、アーティストとしての自分を表現したいとします。でも彼女には家族がある。そこに彼女の責任があります。家族に対しても責任を担わなければならず、現実的にやらなければならないことがたくさんあり、それだけで一日が忙しいとき、彼女は本当にやりたいことをする時間があるでしょうか。

そのとき彼女は、それを実現する方法を探り始めます。自分の人生において何が本当に大切なのか、優先順位を見いだそうとし始めます。自分の人生において、もはや重要ではないものを手放し始めます。そして、自分自身のスキルを磨くために少しばかりの時間を見つけたり、少しばかりの投資をし始めるかもしれません。

彼女がもし助けを必要だと感じたときには、助けを求めるでしょう。そのとき彼女は、助けが必要なときに助けを求めることは適切ではないという考えに浸る代わりに、必要に応じて助けを求めることは成功したいという気持ちのひとつの現れだと感じながら、そうするでしょう。彼女が自分のために何を優先させるのかを明確に自覚し、そして必要に応じて助けを求めると、より成功に向かうことができます。彼女はただそれを求めているから、そのようにするのです。この話を聞くと、銀色さん、なじみがある誰かのことを思い出さないでしょうか。

銀色 私のこと？

ECT かなり近いようですね。そしてもちろんあなたご自身も、今も進化し続けていらっしゃいます。ここで完結するというときがあるわけではありません。それは人生全体において起き続ける過程ですから。それは読者の皆さんも理解しておかれる必要があるでしょう。成功というものはどこかで終わるものではなく、人生全体の中で起き続ける過程なのだと。

その成功とは、最初は小さな成功から始まります。その小さな成功が次の新たな成功を生み、そしてそれが積み重なることによって、あまり小さくはない、時には大きな成功にもつながっていきます。人はそのような過程を経ながら、自分自身が今まで携えてきた、もう役に立たなくなった古いプログラムを解放し、自分の役に立つ新しい、新鮮なプログラムを自分のハートとマインドと頭脳に書き込みながら、その過程を進んでいくのです。

この世界に生きている人々は、一人ひとりが作家なのです、ライターなのです。自分自身の人生のストーリーを、毎日書き換え続けながら生きているのです。そしてあなたはそのことを公にやっていらっしゃるというだけです。それはいいことだと言えます。それには勇気がいりますものね。ご自分自身のことを勇気がある人だと見ていらっしゃいますか?

銀色　いいえ(笑)。

ECT　勇気がある方だと私は見ています。私からはそう見えます。私が座っているところからはそう見えます。だからこそ私はそう申し上げたんです。そしてあなたの読者の多くの方々も、自分自身は勇気がある人ではないけれども、銀色さんは勇気がある人だと見ていらっしゃることでしょう。あなたのその素晴らしい勇気というものは、あなたの正直さによってもたらされるのだと彼らは見ています。正直であるためには、本当に勇気がいるものなのです。そのことはわかりますか。

銀色　正直であると思います。それは自覚があります。でも私にはそうであるために勇気はあんまりいらないんです。

ECT　でも、たとえばほかの人の立場に自分を置いてみたときに、正直であるためには勇気がいると見ることはできるでしょうか?

銀色 だからみんなそういうふうにできないのかなと思います。

ECT そうです。そうなのです。正直であること、そしてとりわけ自分自身に対しても正直であり、そこから勇気を持つことは、たやすいことではありません。なぜかというと、多くの人々は正直に生きること、そして勇気を持って生きることに関して、教育を受けてきていないのですから。

中には、その点において幸運な人生を経てきた人もいます。子供の頃から正直であること、そして勇気を持って生きることが、まわりから支持され尊重されながら生きてきた人もいます。しかし、多くの人々はそうではなく、まわりから言われるように振る舞うよう、教育されてきています。

銀色 それがたくさん重なって、勇気がないとできなくなっちゃうんですね。

ECT たとえば、子供が正直であることや勇気を持つことを許されない場合もあります。または、子供の頃は正直であることが許されたけれども、大人として何らかの理由から正直であることや勇気を持つことが許されない場合もあると思うのですが、主にどちらのほうをお話しになっていたのでしょうか、先ほどの質問で。

銀色　大人の人。素直になるために勇気が必要な。でも、私は勇気はいらないんですと言ったのは、私はたぶんそういう小さいときから塗り重ねられた枠組みというものがあまりないから、勇気がなくても素直でいられるのかもしれないと思います。

ECT　おっしゃる通りなんですね。そして大人としてそのように感じていらっしゃるからこそ、人々は銀色さんの作品や活動に惹かれて、そして銀色さんをひとつの例として自分自身が今まで持っていたものを解放したり、癒やしたりする機会として使っているんです。そのことが銀色さんの活動のひとつの目的であるとも言えます。
先ほど私がこの会話を始めたときに、「ご自分のことを勇気がある人だと思われますか」とお尋ねしたら、銀色さんはそうは思いませんとおっしゃいましたが、現時点ではどちらだと思われますか。

銀色　私自身は素直であることに勇気は特に必要ないんですけれども、ほかの人にとって必要だということは、私はわかります。

ECT　私の見解を言わせていただきますと、正直であることと勇気とは同時に存在するものなのです。

銀色　たぶん私はそれを特に意識していないんだと思います（私は人から「銀色さんって強いですね」と言われることが多かったのですが、ここで言われている勇気って、その「強さ」みたいなことかなと後で思いました）。

ＥＣＴ　それはどんなご気分ですか。今言ってくださったことも、新たな自己認識のひとつになると思います。つまり実際には勇気があるけれども、意識的にそのように見ていないだけだったんだという認識、理解ですね。そして、そういった自己認識の延長として、自分の人生において何が役に立っていて、何が役に立っていないのかということを知り、役に立っている部分に関しては残しておき、役に立っていない部分に関しては変更を加えるというようにしていけばいいんです。

正直であるということは、ときに困難であることがあります。しかし、長期的に見ると、正直でないことのほうが困難であることが多いんです。たとえば罪を犯した人は、自分が罪を犯したことを知っていながら、その後それを隠そうとし続けなければなりません。そして最終的には捕らえられることになるわけですから。ある程度秘密を保つことができたとしても、いずれそれは明らかになります。結果的には、何らかの罪を犯したのであれば逮捕されることになり、不倫をしていたのであればそれが明らかになって相応の結果が伴うことになります。

多くの人々がなぜ正直であることを困難に感じるのかというと、正直であること、自分が表現したこと、人生において創造したものなどに対して、十分な責任を受け入れようとしていないからなのです。たとえば、ある女性が結婚していて、自分の配偶者である男性がまるで何も感じることがない〝冷たい魚〟（cold fish ＝不愉快で冷たい、感情のない、明確にコミュニケーションができない人のこと。こんな夫とは離婚したいと思うような最悪の夫のたとえ）のような存在であるとき、その女性は、「自分の夫がこのような人だから私は不倫をしていいのだ」と考え、それを正当化して実際に行動に起こすこともあります。しかし、正直であるためには、自分自身の人生に、そしてハートに、マインドに、何が起きているのかを真に認める必要があります。だから人によっては、正直であることが困難な場合があるのです。

正直でないということは、ひとつの習慣、癖のようなものなのです。だからこそ正すことができるものでもあります。少しずつ、ステップ・バイ・ステップではありますが。先ほどの話であれば、必要に応じて〝冷たい魚〟と離婚をするということもその過程に含めながら。

銀色　私からも言っていいですか？

ECT　どうぞ。

銀色　「自分の環境は自分が思っていることの完全な現れ」と言うじゃないですか。よく言いますよね。最初、それが全然理解できなかったんです。「えっ？」って。こんな変な世の中なのに、って。でも最近ちょっと理解できるようになって、本当にそうだと思うようになったんですよね。理解できるというよりは、それが想像できるようになったというほうが近いんですけど。
だからさっき言った、自分がすごくパワフルに感じているときは、本当にその通りのように感じることができて。いつもじゃないんですけど。
そういう考えをたくさんの人が持つようになったら、すごく世の中が変わると思うんですけど。というか、私が生きやすくなると思うんですけど。

ECT　少なくともそうですよね。

銀色　でもそのことを言葉で言っても、なかなか最初はわかりにくいじゃないですか。「そんな！」みたいな、「これが自分？」みたいな感じで。それをもうちょっとわかりやすく何か例を挙げて人にわかるような、小さいことでもいいんですけど、何かないですか？
現実は自分の反映だということ。初めて聞いた人はすごく驚くと思うんです。

ECT　次のことも理解していただきたいんです。今の概念に関してですが、最初にそれを聞いたとき、理解できないという反論をする人もいます。それだけではなく、怒りを覚える人もあるんです。

銀色　ですよね。

ECT　人によっては、その概念はその人が今までこの世界に関して真実だと信じてきたこと、聞いてきたことと180度異なりますから。私はそのことは絶対的な真実だと認識していますが、このことを銀色さん自身がまわりの人に伝えようとしていかれる過程においては、たくさんの仕事がそこにあるでしょう。そしてご自分自身が経験されたように、一人ひとりにとってこのことがいかに真実かということを自覚する過程は、ステップ・バイ・ステップであり、その人その人によって異なるものなのですね。ご自分自身が経てこられた過程を振り返ってみてください。最初にこの概念を聞いたときの反応はたぶん、「何だって？　信じられない」というものだったのではないでしょうか。しかしながら、さまざまな経験を経るにつれて、すべてではないにしても、ここそこにその証しのようなものを見ることができるようになった。これから未来にさらにその過程が進んでいったならば、どれだけ多くのことを自分が自覚することができるのか。そしてそのときには、どれだけパワフルな自分を経験することができるのか。想像してみてください。それには制限も終わりもないわけですから。

そこで銀色さんは、何かほかの人々に役に立つような例を提供したいとお考えなのですよね。わかりやすい例というか。

銀色 はい。それをやろうとしています。やっています。すでに。

ECT もちろんそうです。でも、楽しいことなので、もう少しやってもいいのではないでしょうか。

銀色 はい。「気づき」には限りがないですよね。気づくということに関して。あ、何かがわかったと思う、あるとき急にすごくわかったと。でも、次の瞬間には、また違うのが目の前にあるなということはよく思います。ずっと、ずっと。気づくことに限りはない。

ECT はい、私もそう認識しています。

銀色 限りなくあるんですよね。

ECT そうです。そしてそれは予測不可能なものなんですね。であるからこそ、喜びにもつながると言えます。それによって、「ああ、なるほど」という感覚を得ることができるんです。「ああ、これが私が読んだあのことの意味なのか」とか、「ああ、これがあの人があそこで言っていたことの意味なのか」という理解がくるわけですね。「ああ、これでわかった」という瞬間が訪れ、でもそれはそれからも続く過程の一部なんですね。興味深いことをお伝えしたいと思います。そこにあるものはすべてあるべくしてあるとか、自分が自分の現実のすべてをつくっているのだという概念を、ほかの人に伝えることに関してです。人によっては、それに対して怒りや敵意を持って反論する人があるかもしれません。しかしながら、そのことについてお伝えしたいことがあるんです。そういう反応をした人であっても、いったんそのことを聞く、あるいは読むことをするだけでも、もう二度と閉じられることがない新しいドアがその人に開くのです。

ある人が何らかの情報や教育を受け取るとき、その人がちょうど準備ができた瞬間に、情報や教師というかたちでそれらがやってくるものなんですね。それに対して、その人が敵意や怒りを持って反応したとしても、種はそこに植えられているのです。

人によっては、今私がお話ししたこと、つまり相手がどのように反応しようと、そのことを単に聞くだけで、または読むだけでその人に種が植えられるという言葉は、何か他人を操作するような出来事であるように響くかもしれません。でも、人生のすべては、いわばさまざまなかたちで操作されながら成り立っているものでもありますから。私のような存在は、あなたのような方を時に「種を植える人」と呼ぶことがあります。

銀色　はい。

ECT　小さな種かもしれませんが、あるものはすべてあるべくしてそこにあるとか、あなたは自分の現実のすべてをつくっているといったことを、ちょこっと植えるんですね。そういった情報や概念に対して怒りを持って反論する人は、次のように議論をもちかけてくるかもしれません。「自分の現実をすべて自分がつくっているのであれば、飢餓に苦しんでいる人々は、彼らが自分でそのことをつくっているのか」「仕方なくバナナを盗んだことによって自分の腕が切り落とされるような経験をした人も、自分がそれをつくっていると言うのか」と。さまざまな議論が投げかけられるかもしれません。

ですから、そのような質問にも対応する必要が出てくる場面が今後あるかもしれません。真実を言わせていただくと、そのような状況の中で銀色さんができるのは、自分自身に関して話したり伝えたりすることだけなのです。「私はこう思う」というふうに。

私が観察してきたところでは、自分自身の現実を自分が創造するということに関して、そのすべてが意識的になされているわけではありません。飢えている子供たちが意識的にその経験を選んでいるわけではないですし、先ほどのバナナを盗んだことによって手を切り落とされた子供は、それを意識的に選んだわけではありません。それらは意識的な選択というよりは、むしろより長期的な、個人の魂の進化の過程における経験のひとつであると、私は見ています。

そして、進化や成長のための種を誰かに植えてあげるとき、その人が自分を何らかのかたちで犠牲者だと感じている最中は、種を植えるのに最悪のタイミングです。そのさなかにあるときは、です。ですから、誰かが自分は何かの犠牲になったと感じながらあなたのもとを訪れたときには、その人に対してまず、心地よさ、温かさを提供してあげることが必要です。まずは心地よさ、温かさを提供してあげると、その後でもしかすると種を植えてあげることが可能な瞬間があるかもしれません。または、単にそうしたあと、自分以外の誰かからその人が種を受け取ることができるように、手放してあげることもできます。でも、先ほど私がお話ししたように、いったんその種が植えられたならば、いったんそのドアが開いたならば、もう後戻りはないんですね。

銀色　はい。あとひとつ。

ECT　どうぞ、どうぞ！

銀色　これもすごく同じように大事なというか、よく言われることなんですけど、「すべては自分の中にある」と言いますよね、結局は。人はいろいろなところにいろいろなものを探し求めるけれども、結局すべて自分の中に入っているということも真実なんですよね。

ECT　このことに関しては、どのくらい深くお話しすればよろしいでしょうか。

銀色　これってすごく大事だし聞きたいので、ゆっくりまた明日にでも話したほうがいいですか？

ECT　はい、それはそれでいいと思います。ただ、先ほど私がお話ししたことに少し話を戻したいと思います。今までの自分が経てこられた過程を振り返ってみたとき、自分自身が物事をつくり出す過程（creative process）、創造的な過程が、さまざまな経験を経ながら進化してきていますよね。そしてこの進化がこれからさらにさらに進んでいくと、いったいどのくらいまでいくのかということを考えてみてください。どう思われますか？

銀色　今後、自分がどこまでいくかということですか。

ECT　そうです。すでに今まで、進化してきているわけですから。

銀色　物事に対する考え方ということですか？　仕事とかですか？

ECT より一般的な、全体的なお話をしています。とりわけ、自分の人生は自分が創造するということや、すべては自分の内側にあるといった概念を背景に考えると、今まで経てきた進化がこれからさらに続いて未来に向かったならば、それがどこまで進化すると思われますか？

銀色 今言ったことがどこに行き着くかということですか。私ができることを言うの？　それとも私が真理だと思っていることの最終地点を言うの？　私ができることですか。表現すること？

ECT 私がここでお話ししているのは、あなたが考え得る最も大きな、潜在的な可能性とか夢のことです。

銀色 抽象的ですけど、私は全部が一個だと思っているんですけど、そこにいくのかなと思います。すべてがひとつだと。

ECT 私も同じ意見です。そしてその過程はローラーコースターのようであると言えます。それは時にスピードアップして強烈になり、怖れを感じることもあるかもしれません。でも、徐々にその過程の中であなたご自身の本来のパワーを、自分自身が本来携えている創造的な資質をより自覚していかれるでしょう。そしてあなたの創造者としてのさまざまな資質に気づいていくことでしょう。

ある惑星でひとりの人が自分自身の創造者としての資質を自覚するに至ったとき、その人にはいったいどんなことができるかを想像してみてください。とりわけこの創造者としてのパワーが地に足が着いたものであり、そして愛に支えられたものであるときに、いったい何が可能かと。でも、（そのように進化することを）急ぐことはありません。ゆっくり時間をかけてください。

この話題に関しては、後ほどまた話す機会を持つことも可能です。しかしながら理解していただきたいのは、こういった創造的な過程について話をすることは、単に話をすることでしかないということなのです。本当に大切なのは、それらをどのように経験するかなんですね。あなたご自身も、そして読者の皆さんも、一人ひとりが自分自身の創造性、創造的な資質がどのように現れるのかを経験してきていらっしゃいます。そのことについて考えてみてください。

銀色　そうですね、経験するということの素晴らしさということも言いたいです。

ECT　それはとても素晴らしいことだと思います。と同時に、怖れを感じることもあるでしょう。鏡に向き合って自分の姿を見て、「本当にこれも私がやったんだ、それくらい私はパワフルな人なのだ」と真に自覚したとき、時に怖れのような感覚さえやってくることがあるかもしれません。自分自身の個人的なパワーをより深く自覚する状態に至るとき、一日を振り返って、その一日を心から祝福したくなるときもあれば、その一日がなかったほうがよかったと思うこともあるでしょう。
先ほどお話ししたように、個人的に正直であることと勇気があることは一体となって存在するのと同じで、個人的にパワーがそこに存在することとそれに伴う責任があることは共に、同時に存在するものだからです。よろしいでしょうか。

銀色 はい。

ECT このあたりで、リチャードに彼の体をそろそろ返してあげるのがちょうどいい頃ではないかと思うのですが、いかがでしょうか。

銀色 はい。

ECT またこのように時を共に過ごせたことは、私にとって深い喜びでした。

銀色 ありがとうございました。

ECT　どういたしまして。私は今回の私たちのコミュニケーションを楽しんでいます。そしてまた、これからもコミュニケーションを続けることが楽しみです。それでは愛とともに。

ごきげんよう、さよなら。

セッションを終えて

Comment by Giniro Natsuo

このセッションは、とても私の胸に迫りました。

成功したいと思っている人々に、単純に即物的な成功のヒントをと思って聞き始めたのですが、真の成功とは社会的な成功ではなく、心の中で自分は成功しているという感覚を持てるかどうかということだという話。私は「成功とは、自己満足度だと思う」と以前から言っているのですが、それと同じだと思いました。どんな状況であっても、その人が自分を幸せだと思えれば、それがその人の人生にとっての成功だと私は思います。

また、「人生において大切な自覚が訪れる瞬間とは、自分の人生に起きていることは、どんなものであれ、何らかのかたちで自分が欲したものがそこに現れているということを自覚するときです」とエクトンが言ったのは、後半に私が質問した「自分の環境は自分が思っていることの完全な現れだと言いますが（、それをわかりやすく人に説明する方法は？）」というのと同じことを言っていたんだなと、あとで読み返してわかりました。エクトンは、現実は自分の反映だということに対して、「私はそのことは絶対的な真実だと認識しています」とはっきりと言っていました。その言葉に、私はとても励まされました。そしてその考えを受け入れられない人に対して、またその時点で何らかのかたちで犠牲者だと感じている人には、今はその考えを伝えるタイミングではないという話も、とても参考になりました。確かに、ひどい不幸の中にいる人にどう語りかけたらいいのかわからなかったので。そういう人にはまず温かさを提供してあげればいいのですね。

また、「私はこう思う」というふうに自分自身に関してだけ話せばいいというのも、とても助けになるアドバイスでした。そして、「いったんそのことを聞く、あるいは読むことをするだけでも、もう二度と閉じられることがない新しいドアがその人に開くのです」という言葉には、とても勇気づけられました。大きな希望を感じたからです。

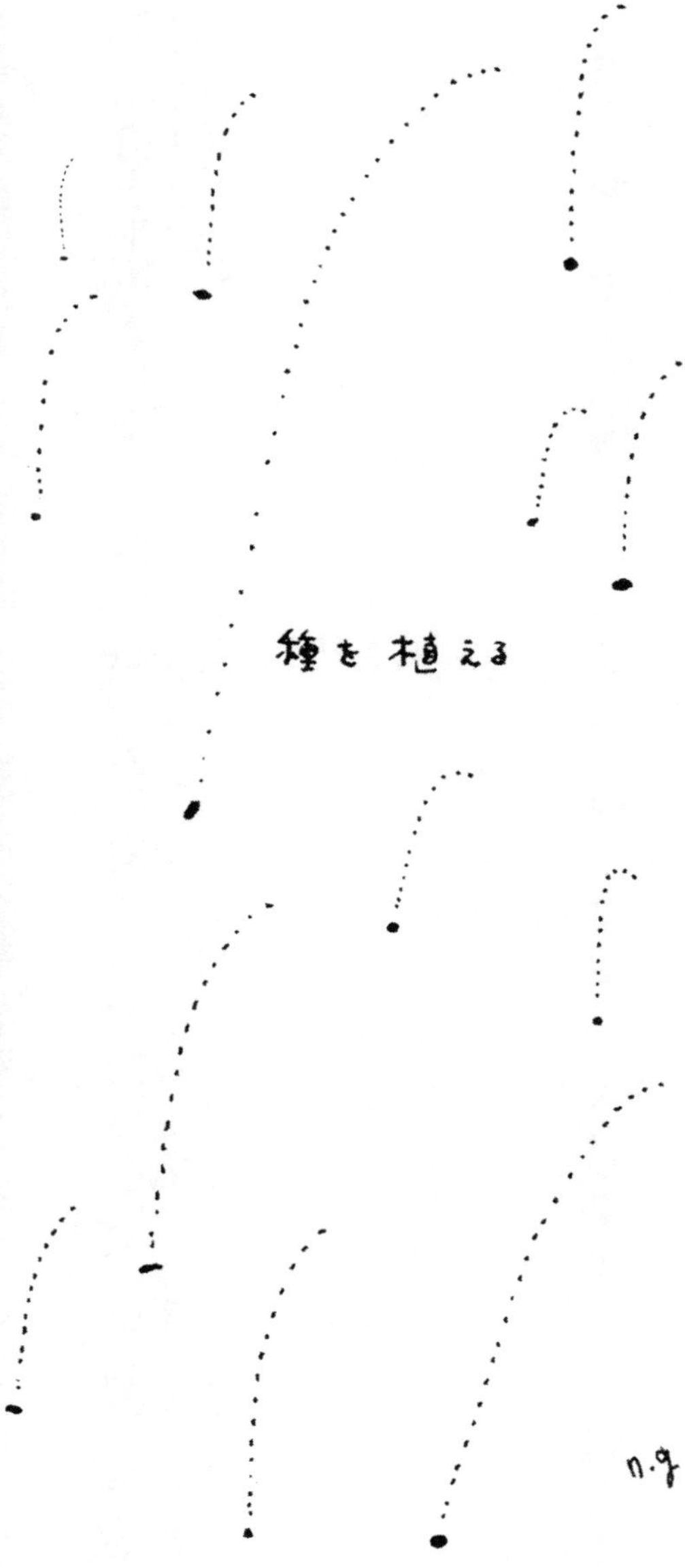

Session 4

2011.1.12 13:50 ~

ECT　こんにちは。

銀色　こんにちは。

ECT　ここまで私たちはさまざまなことをお話ししましたが、今回、前回までのパズルのそれぞれのピースをつないでいくことができるのではないかと思います。人生の経験も、パズルのように感じられることがあるでしょう。そしてパズルと自分自身が和解できればできるほど、それを解くことが容易になります。それでは、今日どのようなことを話されたいでしょうか。どんなことでも構いません。

銀色　はい。今日はですね。私の読者っていうか、たくさんの人たちが日々いろいろ悩んだりしているんですけれども、そういう具体的で現実的なことをたくさん聞きたいんですけど、いいでしょうか。

ECT　どうぞ。それで結構です。

銀色　もう本当に具体的な身近な人たちの話ですけど（笑）。女性で結婚していて働いている人とかがたくさんいるんですが、子供を産もうかどうか悩んでいる人も多いらしくて、すごく……何ていうの？　仕事を休まなきゃいけないとか、あと自分の人生で子供を産むことが必要かどうかとか、やっぱりそれで悩んでいる日本の女性が多いので、それを。

ECT

このテーマに関して私なりの意見を差し上げることはできるのですが、一人ひとりの例に個別に私がお話しすることはできません。「子供をもたらす」ということは、コミュニティーの共同作業です。ですから、それにかかわっていらっしゃる女性一人ひとりが自分の環境や状況に応じて、そして家族、配偶者、親戚、それにかかわるすべての人との間にどのような同意や責任があるかなどに基づいて、何を優先するのかを考え、そこから選択していく必要があります。

お子さんがすでにいらっしゃる場合、子供と仕事のどちらを優先させるのかということに関しては、常に子供さんたちを優先させるというのが私の意見です。子供たちのニーズを優先させるということです。その子が自分で自分の面倒を見ることができるようになるまでは、ほかのどのようなニーズよりも、その子の面倒を見てあげることが優先されるべきであると私は考えます。

もちろん母親自身のニーズも配慮される必要はあるのですが、しかしこのテーマにおいては、子供のニーズのほうが優先させられるべきです。母親でいらっしゃる方のうち何人かは、この意見は聞きたくないと思われるかもしれません。母親が、自分の子供を育ててあげることがそのほかの何にもましてどれだけ大切なのかということを、まだ自覚していらっしゃらない場合がありますから。しかし、自分自身がやりたいことを大切にしたいからといって、親戚の誰かに子育てを委ねて、そして自分のニーズを優先させて仕事をするということは、私は適切だとは思いません。

子育ての過程で周囲のコミュニティーが、つまり家族や親戚など周囲の人々が援助してくれる環境にある場合は、それらの人々に子育ての一部を頼んだとしても、その女性は母親として子供を見捨てたということにはなりません。

子育てに母親がどのくらい参加する必要があるかについては、仮に母親が子育てを親戚などほかの人に任せて自分は仕事をするという選択をした場合、母親が十分に子育てに参加したときと比べてその後の子供の成長にどう違いがあるのか、比べる対象がないので、その比較をすることはできません。

子供の両親だけではなく、周囲のコミュニティー、社会全体が子育ての責任を担う、またはそれに参加するというかたちが現在も存在しますし、過去にもそういうものが存在しました。そしてそのような社会に育った子供たちが、何も欠陥を表すわけではありません。

そうではあるのですが、あなたのこの社会においては、両親が子育てに参加するということはとても大切な部分なのです。この社会が複雑であることが、親の子育てへの参加が大事である理由のひとつです。この複雑な世界を生きていくうえで、親というものが子供たちにとって大事な基盤をつくってくれる存在なのです。ですから、例外なく、この複雑な社会において、親という存在を欠いた子供たちはうまく生きていくことが困難になります。

先ほどもお伝えした通り、これは場合によって異なります。金銭的な理由から、母親がどうしても働かなければならないという環境にいるかもしれません。そして、その子の祖父母がその子を育てることが必要な場合もあります。または自分の夫、つまり、その子の父親が忙しく仕事をしているので、それまで仕事に就いていた母親が、一時的であれ子育てに集中するためにその仕事を辞める、という選択をする場合もあるでしょう。ですが、子育てに関して、私の視点から理想的な状況をお話しさせていただくと、それは、両親が共に子育てに対する責任を等しく分け合いながら子供を教育し、サポートしてあげ、もちろんまわりの世界とも協力しながら、結果的にその子がこの社会の中で生産的なひとりの人として育っていくという状態です。
今はひとつの理想的な状況をお話ししたわけですが、その子が生産的な、愛のある、そして思いやりのある社会の一員になるために、必ずしも今、私がお話ししたような状況で育たなければならないというわけではありません。ほかにさまざまな可能性がありま す。ですが、もう一度先ほどお話ししたことをここで繰り返すと、子供のニーズが最も優先されるべきであるというのが私の意見です。今の点はよろしいでしょうか。

銀色　わかりました。

ECT　そして興味があるんですが、子供を優先させるという話題に関して、銀色さんの意見はいかがでしょうか。

銀色　私はどうしてきたかな……。私、あんまりそこで葛藤はなかったんですよね。たぶん子供を優先させてきたんじゃないかなとは思うんですけど。でも私、家にいる仕事だからかもしれないですね。外に出るときはベビーシッターさんに預けていたんですけど、それは全然悪いと思っていないんですよ（笑）。

ECT　必要に応じてベビーシッターさんに子供を預けるということに関しては、罪悪感を感じる必要はありません。なぜなら、そういう状況でも銀色さんは、子供さんに必要なケアをちゃんとそこで提供していらっしゃいますから。この子供さんに対して必要なケアというものは、１００％母親だけが提供しなければならないわけではありません。

銀色　そうですよね。私は自分ができないことを悪いと思わないので、その辺の葛藤は本当にないですね。

ECT　それは何も間違いではないと思います。ですから、読者の皆さんにもお伝えしたいのですが、子育てに関してさまざまな状況にいらっしゃる中、子供たちが必要なケアを十分に提供されている状況を整えてあげているのであれば、自分の中に抱いているかもしれない罪悪感は必要であるとは限りません。ここで感じる罪悪感は、多くの場合、その方がまわりから、社会的に「母親とはこうあるべきである」と期待され、それをご自身も信じ、そこから感じているものが多いんですね。

銀色　私、結婚したときに、妻としてそれをよく感じていました（笑）。

ECT　そしてあなたご自身は、徐々にそこから自由になっていかれたんですよね。

銀色　そうです。

ECT　実際にあなたのお子さんたちは、かなりいい状態で、健康に育っていらっしゃいます。そういったことからも、子供さんたちが小さいときに感じたかもしれないプレッシャーのいくらかは、今は解放されてきていらっしゃるでしょうし。

銀色　はい。

ECT

簡単に言うと、彼らが幼かった当時と比べると、今はそれほど多くのケアをもう必要とはしなくなっているわけですから。ですが、今もやはり子供たちはあなた自身にとって最も責任を担ってあげる必要がある、優先させてあげる必要がある存在たちです。もしよければ、もうひとつ言わせてください。こんな問いかけがわいてくるかもしれません。これはあなたにとっても、ほかの方々にとってもなのですが、「子供たちが自分のケアを必要としている時期がある。であれば、もはや子供たちが自分の親としてのケアを必要としなくなる時期はいったいいつごろやってくるのだろう」という問いかけです。あなたが現在生きていらっしゃるような複雑な社会においては、より原始的な社会、農業を中心にしている社会に比べると、子供たちがケアを必要としなくなるまでの時期はずっと長くなり得ます。より原始的な社会で生まれ育った子供たちは、思春期を迎える頃にはもう大人として自立し、自分の責任を担うことができるようになります。でもあなたが生きている社会においては、中には三十歳になっても親の家に住み、部屋にこもってテレビゲームをし続ける子供たちがまだ存在するわけですから。

銀色

死ぬまで自立していないんじゃないかと感じる人がいます。私は、大人でもまだ自立していないと感じる人がいるんですけど。

ECT

その通りです。いわば母鳥が、ひな鳥が自立できるように巣からひな鳥を押し出そうとするのは人間の場合いつなのだろうかということも、それぞれ人によって異なります。そうして子供たちに対して個人的な責任が担えるように教育をしてあげることが、親としてのひとつの責任でもあるのです。個人的に責任を担えるようにしてあげること、そして自立できるようにしてあげることです。

ところが、この今あなたが生きていらっしゃるような、進化した、そしてそれに伴って怖れを感じるようなことがさまざまあるような社会においては、親は子供たちを過度に保護しようとする傾向が強くなることがあり、お気づきのように、子供が大人になってもエネルギー的、感情的に、子供のままである場合があります。

ですから、この点は親にとっても子供たちにとっても、チャレンジなのですね。一般的に言うと、子供たちは自分が負担を感じることなく、つまり、もしできるならば自分で出費することなく生きたいと感じる性質を持っていますから。ですが、親の活動やサポートとは別に、子供たちが自立した人生の部分を持っていることが、彼らが健全であるためにいかに大切かを親は知っています。

銀色

はい。……親子のことで重ねて聞きたいんですけど、やっぱり多くの人から聞く悩みとして、両親とうまくいかない、両親との問題とか。あと子供とうまくいかない人がやっぱりたくさんいて、どういうふうに付き合っていいかわからないとか、コミュニケーションができないって悩んでいる人が多いんですけれど。

今ここで話をされているのは、世代間の力関係とかコミュニケーションに関する、とてもよく起きる話題についてですよね。それぞれの世代が自分たちなりの考えや、やり方を持って生きています。そして次の世代の人たちは、ほとんど例外なく、その前の世代の人たちとは違ったやり方で行いたいと感じます。そこで先立つ世代の人々が次の世代の人々に対して、彼らなりに自由に考えることや行動することを許さなければ、ここで当然のことながら世代間に葛藤が生じます。

別の言い方をすると、親が子供に対して、「私たち親の考え方や生き方がパーフェクトであって、あなたたち子供の考え方や生き方はよくないのだ」といったかたちでコミュニケーションをすると、確実に親子の間で葛藤が起きます。

今お話ししたこととは逆の例ですが、親が自分自身の考えややり方に関して「こうだ」というものをほとんど持っていない場合、そして子供たちに何であれ好きなように考えさせ、行動させる場合も、同じように世代間で葛藤が生まれるんですね。それはどのようなときに最も多く起きるのかというと、親自体がまだ実際には十分に自立した大人になっていない場合なのです。言い方を変えると、親だけれどもまだ子供の状態で生きているという場合です。

そして、あなたが生きていらっしゃるこの社会の皆さんに対して、私がコミュニケーションをするうえで頻繁にお伝えすることなのですが、子供の成長段階においては、親は子供にとって、まだ友達としてではなく親として存在してあげる必要があるんです。子供は親の姿を例として、この社会において何がうまくいくのか、そうではないのかということを学びますし、親からさまざまな導きを必要とします。そして教育を必要としています。

それから、世代間で起きることがもうひとつあるんです。それは、物事の考え方や感じ方などの傾向が、ひとつの世代から次の世代へと受け継がれていくということです。たとえば、父親も母親も、いろいろな物事を強くコントロールする傾向を持った人たちだったとします。そうすると、その両親のもとに生まれた子供たちは、大人になったとき、自分の両親と同じように、さまざまなかたちで物事をコントロールしようとする傾向を持つことが多いのです。仮に親のようにはなりたくないと成長過程で思っても、結果的には似たような状態になることが多いんです。

逆に、子供の成長過程でその子の両親が過度にさまざまなことを容認しすぎる、許しすぎる傾向があったとします。そうするとその子も、大人になったときにさまざまなことを容認しすぎる傾向を持つことが多いんです。

最初の点に話題を戻しますと、世代間の葛藤というものは当然起きるものなので、避けるすべはないんです。ですが、それを最小限にとどめることはできます。両親が自分の子供たちの人生を自分が代わって生きることはできないということを自覚したとき、それが可能になります。

自分の子供とのかかわりにおいて、親としての役割は、彼らをケアしてあげること、愛してあげること、そして彼らが大人になる過程を導いてあげることであって、自分たちが望むようなロボットを作ることではないと、親が認識する必要があります。そして子供とのかかわりの中で、適切なこととそうではないことの境界を明確に提示してあげ、適切なことの範囲においては子供たちが自由にできるように援助をしてあげる必要もあります。

簡単にまとめますと、子供たちに対して、どの状況においてイエスを言ってあげればいいのか、どの状況においてはノーを言ってあげる必要があるのか、それらを見分けることができる状態でいる必要があります。これは微妙なバランスなんですね。

銀色　見分けるっていうのって、まあ、いろいろなことで必要なことなんですけど、見分けるって?

ECT　どの状況に関してもフリーサイズの答えがあるわけではありません。それはケース・バイ・ケースで、状況によってどのように対応してあげるかは異なります。それと同時にもうひとつ大切な部分として、親が自分の子供たちとかかわっているときに、自分のハートで、または自分のソウルでどうしたいと感じているかという点も、尊重される必要があります。

ここで、親である方々にとって大切なのは、子供に必要なケアを提供してあげること、あるいは導いてあげることであって、親だからといって必要以上に、過度に責任を背負おうとはしないことなんですね。

前回、私たちは勇気についてお話をする機会がありました。いい親であるためには勇気が必要なのです。自分の気持ちや時間の多くの部分を子供たちに向けてあげる、親としてそうすることができるためには勇気が必要です。

そしてもうひとつ、自分が両親から受けた育てられ方を現代の社会に照らし合わせたときに、自分が子供を育てるうえでは役に立たないと感じたものを手放す過程でも、勇気が必要です。また、自分の両親の育て方にいわば古いやり方があったかもしれませんが、そのやり方で育ててもらった結果、自分には役に立ち有効だったものがある場合、自分が子供を育てるとき、古いやり方であってもそれを子供に伝えるには勇気がいります。自分の家族の世代をさかのぼってみて、代々受け継がれてきたさまざまな感情的な習慣や、生産的ではない癖のようなものがあったとき、それらは世代を超えて受け継がれてきてはいるけれども、自分の世代でとどめるのだという選択をするためには、勇気が必要です。

そしてもうひとつ、子供に接するときに、「うん、そのことに関してはやっていいよ」

と心から伝え、言葉で言った通りに子供がそれをすることを許可してやること、それとは逆に、「そのことに関しては親として私は許可できない」と伝え、実際に行動を伴って許可しないということをするためには、勇気がいります。

銀色 簡単にまとめますと、この世界に子供をもたらすためには勇気が必要だということです。そして私の視点からお話しさせていただくと、私はその勇気を心からたたえます。銀色さんはご自身を勇気がある存在だと見ていらっしゃいますか?

ECT 今の文脈からいうと、あると思います(笑)。

銀色 この勇気とその周辺においては、銀色さんはとてもよくやっていらっしゃると私は思います。

ECT アハハ。

銀色 なぜ私がこのことについて今お話ししているのかというと、銀色さんの勇気や自己というものの感覚が、時として揺らぐことがあると感じるからなのです。どうか自分に伝えてあげてください。「アップダウンはあるけれど、私には勇気がある。親としても、人生全般においても、私はよくやっているじゃないか」と。

銀色　うーん。

ECT　十分勇気を持っていらっしゃいますよ、親として十分よくやっていらっしゃいますよと伝えたかったんです。

今の段階では、このことに関して深く掘り下げてお話しするのはあまり適切ではないと思うのですが、もうひとつの可能性として、子供たちが今回生まれてくる前に、自分の進化の必要や流れから、それに最もふさわしい両親を子供が選ぶという可能性も含める必要があります。そして親も自分たちにとって進化、成長するうえで最もふさわしい子供を選ぶということに関しても、可能性として含める必要があるでしょう。

銀色　はい。

ECT　銀色さんご自身は、「ああ、子供たちが私を親として選んだんだろうな」という感覚はお持ちでしょうか？

銀色　すごくあります（笑）。お互いに違う人だったら大変っていうか、お互いだったからこそよかったんだろうなと思います（笑）。

ECT　比較する基準がないので、お互いが親子でなければもっと困難になるかどうかはわかりませんが、はっきり言えることは、お互いの人生がずいぶん違ったものになっていただろうということです。これは確実です。

それでは、親子関係で困難な人生を生きている方々に関してはどうでしょう。または、かかわることがとても困難な子供を持っている親御さんはどうでしょう。そういった親子の関係においても、彼らが生まれてくる前にお互いを選択し、何らかの進化、成長の必要からこの世界に親子として生きている可能性はあるのでしょうか、という問いかけも出てきます。どうだと思われますか？

銀色　私はあると思います。

ECT　このような種類の選択は、その選択をしている人にとって意識的になされるものではないのです。あなたのご家族で起きているように、お互いに選んだのだということが意識的に自覚できるようになると、家族の関係が、今実際に経験していらっしゃるように素晴らしいものになっていきます。

ですが、困難な子供を持つ親御さんにとっては、何らかの進化、成長の理由から、意識的に完全に理解できるレベルや次元を超えたところで、お互いが相手を親として、子供として選んだということを認識することで、違った視点でその子供さんと自分とのかかわりを見ることができるようになるかもしれません。

いくつかの家族間の関係について話をするうえで、私は「カルマ」という言葉を使うことには躊躇するんです。なぜならこのカルマという言葉は、誤解されたり、あまり有効ではない解釈をされる場合が多いですから。

でも、次のことをお伝えしてこの話を終えたいと思います。それは、二つの存在の間に生じたエネルギーのアンバランスをバランスのとれた状態にするためには、二〜三回またば数回の転生が必要となる場合もあるということです。

ですから、困難な家族関係を経験している方々に対しては、心からの深い思いやりと慈悲の気持ちでその人たちを見てあげてください。それと同時に、その困難の中にも、彼らが家族としてそのような状況を選んでいることには、より深い価値があるのだということも、理解してあげていただきたいのです。

そして明らかなことですが、銀色さんご自身と子供さんたちとの間にバランスをとらなければならないことは、そんなに存在しないようです。ちょうどお互いがうまくぴったり合っていらっしゃる状態です。

銀色 私はやっぱり子供は自分のものというふうにあまり思ったことがないので、その辺は、自分の思い通りにならないジレンマみたいなものはほとんどないんですよね。まあ、自分勝手とかそういうのでいらいらはしますけど、そういう普通の単純なものはありますけど、それ以外のもっと本質的なことでは、自分のものではないって最初から思っているので、その辺の葛藤はないんですけど。

ECT　そのことについて質問させていただきたいのですが、今度はご自分自身とご両親とのかかわりを振り返ったとき、ご両親はあなたをまるで彼らの所有物のように育ててこられたでしょうか。それとも、ひとりの独立した個人として育ててくださったでしょうか？

銀色　独立した個人としてだと思います。

ECT　ということは、ご両親とご自身との間でもそのような関係がすでにあったのですから、自分が親になったとき、子供にさまざまなことを伝えてあげるうえで新しく身につけなければならないことや、学ばなければならなかったことは、それほどなかったわけですよね。「私の両親が自分を育ててくれたとき、私という人をまるで彼らの所有物のように扱ったのではなかった。だから私が自分の子供を育てるときも、それと同じようにしてあげることができる」と。親が自分に対してそうではない育て方をしたときは、自分が子供に接するうえで、自分が親から学んだことや身につけたことをいったん解放してから子供に手渡す必要があるのですが、そういうことはそれほど必要なかったわけですものね。

銀色 そうですね。はい。

ECT そして、あなたのお子さんたちが自分の家族を持つことを選んだとき、彼ら自身も解放しなければならない古いものは持っていないわけですから。もちろん、どんな両親でも経験することなのですが、そういう子供さんたちであっても、かかわっていると折々いらいら感じたりすることは当然起きます。
そこでまたお尋ねしたいのですが、ご自分自身を振り返ったときに、ご両親から自分に成長過程で伝えられてきたさまざまなことの中で、自分が子供と接するうえでは、これは自分でとどめて子供には伝えないと決められたこと（親からはこうされたけれど、子供にはやらないということ）は何かあったでしょうか。

銀色 ……そうですね。たとえば父親からだと、やっぱりちょっと昔ながらの考え方の人だったんですけれども、そういう説教話みたいなものをされるのが嫌だったので、そういうことは私はしていないですね。

ECT　それはいいことだと思います。それは、親としてとてもいい仕事をなさっていることの現れです。なぜかというと、自分が親の世代から渡された、もう役には立たなくなったものをそのまま子供の世代に手渡すのではなく、自分でとどめることがおできになったわけですから。

銀色　あと、やってもらえなかったことをやってあげるっていう、逆にそれもやっています。

ECT　そうなさることも素晴らしいことだと思います。別の言い方をしますと、あなたご自身は、両親から従順なロボットになるようには育てられていらっしゃらないということ。これはいいことなのです。ひとりの個人として育てられたわけですから。そしてそれと同じ贈り物を、あなたは今お子さんたちにあげていらっしゃいます。いいことです。

銀色　はい。

ECT　もちろん親でいらっしゃるわけですから、親子の関係の過程に時々でこぼこが生じるのは当然のことです。子供は時に正気じゃない状態になることが必ずあります。

銀色　そうですよね。あと私も普通のことができないことも多いですし。

ECT　もちろんです。ようこそ人間の世界へ！　それは、時に愚かな状態になる親を子供が受け入れたり、許したりするための、貴重な経験にもなるわけですから。

そのようなときに子供にとっては、「ああ、自分が大人になったときにはあのようにはならないように心がけよう」と考えるきっかけを提供できるかもしれません。または子供から見て、「ああ、自分も大人になったとき、お母さんがやっているのと同じようにやりたい、同じようでありたい」と思うことがあるかもしれません。

ですから、子供をこの世界にもたらし、育ててあげるということは、ほかのいかなるチャレンジにも勝る大きなチャレンジであると言うことができます。そして、よくやっていらっしゃると思います。

ほかにいかがでしょうか。

銀色　もうないです（笑）。

ECT　それでは、しばらくしてまたお目にかかることにしましょう。

セッションを終えて

Comment by Giniro Natsuo

親子、世代間の葛藤に関しては、私自身はそれほど問題を感じていないので、読んでいる人のために質問した部分が大きいです。私の母親はすごく変わった人だったので、私はとても考えさせられる子ども時代を送ったと思います。いろいろなことを、理解できなくても受け入れるということをせざるを得なかったからです。が、どの家庭にも多かれ少なかれそういう部分はあるのだと思います。それぞれの家族の中で生まれる解決すべき問題を抱え、人々は家族と社会のあいだを行ったり来たりしています。家族はまた、自分の意志で新しく作ることも可能です。新品の家族を。だから、可能性がありますよね。

親子
n.g

Session 5

2011.1.12　15:10 ~

ECT　再びこんにちは。

銀色　こんにちは。

ECT　それでは銀色さん、今回は何についてお話をすればよろしいでしょうか。どんなことでも構いません。

銀色　はい。私はスピリチュアルなこととそうじゃないことを分けて考えてはいないんですけど、あえてスピリチュアルという言葉を使って話をしますと、私がスピリチュアルなことに興味を持ち始めたのは、死ぬことが怖かったので、死ぬことを怖いと思いたくないと思ったことがきっかけなんです。
それで、たぶん四十歳をちょっと過ぎた頃なんですけど、死ぬことを怖くなくなりたくて、いろいろな勉強というか、研究をしたりすごく考えたり、どうしたら死ぬことが怖くなくなるかということをいろいろ自分なりに研究した結果、私が一番怖くなくなったのが、スピリチュアルな考え方に触れたときだったんです。
死んでも私がなくならないっていうことが、それはすごく私にとって安心だったんですけど、でもそれって、今証明できないじゃないですか。証拠もないし。だけどそう考えることが安心な気持ちにさせるっていうんだったら、じゃあ、そう考える、そういうふうに信じればいいと思ったんですよ。とにかく信じればいいんだということで、信じることにしたんです。

証明できないけれども、私はそういうふうにして私なりの考え方の道筋を通って結果的に自分は怖くなくなったんですけど、それはたぶん人それぞれその人の道で、私が今同じことを言っても、たぶん人によって違うと思うんですよね。その人の道を通ってそういうふうに行かないと。なので、「死」っていうことに関して、今のエクトンさんからみんなに言ってあげることがあったら聞きたいんですけど。

ECT

今まさに銀色さんが言ってくださった通りで、死という経験全般、死に対する理解、理解の欠如、そして死に対する怖れというものにどうかかわっていくかといったことも含めて、すべて個々人によって異なります。ケース・バイ・ケースです。

あなたご自身は、より理解を深める助けとして、スピリチュアルな探求というものをひとつの推進力のように使ってこられました。そして死に関係があるかどうかにはかかわらず、多くの人は人生において困難、理解の欠如、未完結だと感じる経験などに直面したとき、これまでと同じように生きることはこれ以上続けたくないということから、そのことを探求しようとします。そのことに関する理解を深めようとするのです。そしてその中に、スピリチュアルな探求がかかわってくる場合があるんですね。

先ほどお話ししたように、死をどのように経験するかはそれぞれ人によって違います。

実際に死をどのように経験するかは、死についてどのような観念をその人が持っているかによって異なります。ですから、もしある人が、死んだときにはイエス・キリストが現れてくれると信じていたときにはそのような経験をするでしょうし、死んだときには自分の先祖たちがやってきてくれると信じている人の場合は、そのような経験を死んだときにすることになるでしょう。

ですが、死の過程が進んでいくにつれて、あなた自身が体から解放されていくとともに、自分自身に生前は役に立っていたかもしれないさまざまな観念なども、徐々に自分から解放されていくんです。それまでの人生のさまざまな経験の記憶や観念などが解放され、最終的に残るのは永遠なる、魂のようなあなたの性質なのです。多次元の宇宙のすべてと親密につながり、かかわりを持っている自分がそこに残ります。

そしてそのような非物質的な世界から、ちょうどコンパス（方位計）を自分で調整するかのように、自分自身が次にどのような活動に従事したいかを選ぶことが可能なのです。もしかすると、その時点であなたは次の転生の準備をするために、それまでのさまざまな自分の人生経験を評価して、それらについてより深く学ぶ機会を持つことを選ぶかもしれません。または死の過程において、自分が生前信じていた宗教的な考え方を反映するような環境を、自分のまわりに構築することもあるかもしれません。またはヴォイド（void）とも言われる、思考の存在しない、エネルギー的に深い、完全な休息状態にしばらくとどまることを選ぶ場合もあります。実際は、自分が望むものは何であれ経験可能なのです。

人生経験においても、人はさまざまな選択をすることができるものであり、柔軟な性質を持っています。それと同時に、死の経験もとても柔軟な性質を持ったものなのです。そして今この本を読んでいらっしゃる皆さんの中で、死に関する既存の考え方にどうも満足できないと感じる人は、自分が満足できるものに出会えるまで、さまざまなかたちで探求を進めることになるでしょう。またはその人が直面しているかもしれない、さまざまな困難とのかかわりにおいても、自分自身にとって必要な理解や情報を集めようとするでしょう。

私が感じることのひとつとして、読者の皆さんの中には、すでに旅立った、つまり亡くなった方々を自分は何らかのかたちで幸せにしたり、喜ばせなければならないという考えを持ち、それに基づいて死に関する怖れを感じている方がおられるようです。そのことについて少し考えてみてください。

多くの人が、日々の生活の中でどれだけ多くの時間を使って自分の先祖を喜ばせようとか幸せにしてあげようとか、または彼らから気に入ってもらおうとしているでしょうか。もちろん亡くなった人々を尊重することについては、私からもお勧めします。

しかし、そのことと、死んだ人々が自分に何を求めているのかと思い悩むこととは、大きく異なることなのです。自分の中で、亡くなった人は自分にこのように求めているに違いないと思ったとき、ほとんどの場合、亡くなった方々とはまったく関係なく、自分自身の観念の産物としてそれらの思いがわき上がってきているのです。

一般的に、この世界を旅立った人には次の活動が待っています。旅立ったにもかかわらず、その後この世界にかかわりを持ち続けたり、あなたを彼らの世界から見ていたり、批判したり、または監視し続けるという状態で存在しているわけではありません。ところが多くの人が、まるでそれが事実であるかのように信じ、そして振る舞っておられます。そのようにすることによって、死に対して怖れがやってくるのと同時に、生そのものに対しても怖れを感じるようになります。十分に生きることに対する怖れです。そして、豊かに生きることに対する怖れです。

天国、地獄が存在するという考え方も、理解したり乗り越えていくうえで困難なもののひとつです。この世界を超えたところに天国や地獄が実際に存在するのかどうかに関してですが、そのことについて想像できるということ自体から、それはこの多次元の宇宙のどこかに存在すると言えます。ですが、必ず人間がそのどちらかを経験しなければならないように運命づけられているかというと、そうではありません。なぜなら、あなたの在り方がどのようであるかに関して、選択が１００％そこで影響を持っているからなのです。生きている間も、そして今回の生を終えた後についてもです。

一般的にですが、死の過程については、死を迎えるときにその人が、クリーンでクリアな状態である場合には、死の経験は輝きに満ちたものとなります。クリーンでクリアな状態とは、その人が内面的に悩みや困難な思いを過度に抱えていないという状態です。ですから、死を迎える段階で、自分の人生をとてもよく生きたと感じることができ、そしてその時点までできるだけ愛に基づいて、正直に、心優しく生き続けた人々にとっては、死の過程は多くの場合、とてもスムーズで輝きに満ちたものになります。それに対して、死を迎える時点でさまざまな思い込みや観念、または後悔など、いわゆる〝荷物〟を抱えていると、その荷物が多ければ多いほど、死の過程がよりチャレンジの伴うものになります。

銀色 それはどうしてですか？

ECT 私は一般的な話をしているので、そのように荷物がある場合に輝きのある経験ができない、と言っているわけではありません。

このように見てみましょう。日本でもこれと同じような考え方があるでしょう。死を迎えるときには、生前その人が持っていたさまざまなものを死後の世界に持ち越すことはできないという考え方です。その場合、持ち越すことができないのは、必ずしも物質的なものだけではないのです。たとえば生前持っていた車、ベンツとか美しいガールフレンドとかさまざまな所有物を持っていくことができないというだけではなく、さまざまな考え方、思い込み、感情なども、死を迎えた後の世界に持ち越すことはできないのです。ですから死の過程において、エネルギー的にも感情的なレベルにおいても、さまざまなかたちで解放が起きる必要があるんですね。

そして、ある人が死を迎えるまでにかなり長い期間を要する場合、たとえば重い病気になって、死の瞬間を迎えるまでに相当な期間を要するとき、一般的にですが、その人が死を迎える前の段階で解決したり、解放するものが多いという傾向があるんですね。

このことを、感情的、エネルギー的に解決したり解放する必要のあるものがいろいろと存在している状態だと言い直すと、どうでしょう。たとえばある人が、敵意とか怒り、または見捨てられたとか悲しいとか、さまざまな感情や思いを抱えてその時点まで生きてきたとします。そうすると、それらは実際にその人の魂の内側や周辺に蓄積された状態で残っているんですね。

そのようなものは、彼らの魂、つまり永遠なる存在としての彼らの内側や周辺に蓄積されているだけではなく、肉体においても、細胞を構成しているさまざまな物質にかかわりを持って残留しますし、その人の肉体の周辺にも残留し、蓄積された状態になります。ですから、死の過程において自分の魂の資質を十分に経験するためには、さまざまなものを解放してあげる必要があるのです。

それゆえ、死の過程を迎えるにあたって、それまで自分が持っていた怒りや敵意などにまだ執着し続ける状態にある場合は、スムーズに死を迎えることが困難になるんですね。解放するために時間がかかったり、死の過程が心地のよいものではなくなる傾向がそこに出てきます。

それに対して、人生を振り返ったときに、十分に生きてきたという実感を持って死を迎える人や、人生が完結したと感じた状態で死を迎える人は、一般的にですが、よりスムーズで心地のいい死の過程を経る傾向があるのです。もちろん、私はこれで完結した、もう旅立つ準備ができたという状態がどのタイミングでやってくるかは、それぞれ人によって異なりますが。

銀色 私、死ぬときに苦しみたくないんですけど、「葛藤が少ない人はあまり苦しまない可能性が高い」ということですか?

ECT はい、一般的にそうだと言えます。もちろんその人によって、何らかの進化の必要から、死がさまざまな経験となることはあるのですが、しかしながら一般的には、先ほどお話ししたように、死を迎える段階でしがみついているものや抱えているものが少なければ少ないほど、死は心地よくスムーズになります。そして死を迎える段階に限らず、生きている今の段階から、しがみついているものや抱えているものをできるだけ解放し、クリーンな状態になっておくといいんですね。

銀色

そうですね。そうすると生きるのも、生きやすいですよね。

ECT

まさにその通りなのです。ですから、今この瞬間、自分の人生のこの経験において、十分に許すこと、そして愛を生きること、これが大切なのですね。そのように人生を生きていると、それが生きるための十分な動機にもなりますし。

いったい誰が怒りの状態のまま死を迎えたいと思うでしょう。それは理にかなっていません。いったい死を怖れた状態のまま死を迎えたい人がいるでしょうか。それは楽しくはありません。永遠なる存在としてのあなたの経験の中で、死というものは単に新しい経験の始まりに過ぎないのですから。

ここでも死は自然なるものの一部です。もちろん急ぐべきものではありません。ですが、拒む、あるいは怖れる対象とするものでもありません。皆さんの中には、この世界が、自分の人生がこんなにも困難だから早く死を迎えたい、自分で自分の命を終えることによって早くふるさとに帰りたいと、死に急ごうとする方々がいらっしゃるようですが、その方々に対して、私は懸念を感じます。そうするのではなく、死は自然にそれが訪れるのを待つ必要があると、そのような方々にはお伝えしたいんです。ですから、死というものが自然な過程の中で起きるようにしてあげればあげるほど、一般的にですが、死の過程全体はよりスムーズで心地のいいものになります。

銀色　はい。それを聞いて安心しました（笑）。じゃあ、ここでみんなが聞きたい質問をしたいんですけど、聞き飽きていると思うんですが、寿命っていうのはあるんですか。

ECT　簡単な答えを差し上げます。ありません。

銀色　はい（笑）。

ECT　では、もう少し複雑な答えを差し上げます。

銀色　はい。

ECT　どんなものであれ、前もって決まっているものはありません。運命や予言などに関しても同じことが言えます。ですから、占いをする人があることを言った、サイキック・リーディングでこんなことを言われた、こんなことが予言されたなど、いろいろなものがあると思いますが、どのようなものに関しても、絶対的に未来に起きると定められた変更不可能なものはひとつもありません。

ですから、もし今後のことに関して誰かから予言されたときには、そしてその予言された内容を自分が好まない場合には、相手が誰であれ、どのような情報源からやってきたものであれ、その情報を受け取った段階で、それを拒絶することも変えることも自由にできるんです。新たな選択をすればいいんです。

銀色 それは自分の勘で選んでいいんですよね。

ECT そうです。知的で適切な選択をするためには、自分自身が使うことができるあらゆる感覚を使って、それらの選択をすればいいでしょう。内的な感覚もありますし、外的な感覚で観察をしてきたさまざまなこともあるでしょう。すべてを使うのです。

それでは、極端な例についてお話しします。たとえばある人が、海水魚が水を飲むのと同じくらいの分量の酒を毎日浴びるように飲んでいるとします。そして火事場から煙が出るのと同じくらいの量のたばこを吸い続けているとします。その人が、サイキック・リーディングをしている人のところを訪れます。サイキックな能力のある人がその人に対して、「あなたの健康状態がとても衰えているようです」と、そして「あなたは肝臓がんや肺がんなどで死を迎える可能性が大きいと感じます」と言ったとしましょう。その人の自己破壊的な行為、振る舞いを見たときには、今のサイキックな人が言ったような意見にたどり着くまで、天才的な感性を持ち合わせている必要はありません。そのような情報を受け取ったとき、その情報源がどこであったとしても、その人がその後どのような選択をするかはその人自身に委ねられています。

今の、たくさんのアルコールを毎日飲み、喫煙を続けている人の場合ですが、「肝臓や肺の病で死ぬことになるかもしれないと言われた。確かに自分はたくさんの酒を飲んでいるし喫煙も続けている。これから私はどのようにしていこうか」と、その人は考え始めることができます。「もしかすると、アルコールの摂取量を減らし、喫煙の量も減らしたならば、自分はより健康な状態に向かうかもしれない」と。「もしかすると、自分自身にダメージを与えていると明らかにわかっている習慣や癖を変えることができたときには、状況が改善される可能性は高くなるかもしれない」と。

ですが、ここでも背後に、その人のより深い個人的な進化の過程がかかわっている場合があります。今は一般的な話をしたのですが、進化の必要、その人が個人的に進化、成長するうえで必要なことがかかわっている場合がありますから、ケース・バイ・ケースです。いずれにしても、自分自身が集めることができたさまざまな情報や経験に基づいて、自分の感性をすべて使って、そして知的で適切な選択をすることによって、未来への流れを変えることができます。

自分で変えられるということですよね、決まったことはなく。うん？　すると、「変える」っていうことはおかしいですね。変えるっていうよりも、「つくる」ということで

銀色

すね。

ECT　ここで現実的にお話ししたいと思います。現在の皆さんの進化の時点においては、いずれは死を迎えて肉体を手放すことになります。さまざまな選択があり、何も絶対的に起きることとして決まっているわけではないと言いました。そして「これから起きることは変えられる」とは言ったのですが、この世界における自然の法則がかかわっている部分もあるわけです。

ですが、すでに存在するこの世界における自然の法則と調和するような、自分の人生をよりよいものにするために役立てることができるような、新たな選択をすることはできます。

先ほど、現在の皆さんの進化の時点においては、という前置きをしました。ですが、さまざまな転生経験を繰り返し経るにつれて、そしてその中であなたの創造者としての資質がよりあなた自身に反映されるにつれて、あなた自身の選択の範囲、領域が広くなっていきます。よろしいでしょうか。

銀色　はい。

じゃあ、さっきたばこって出たので、ちょっと話が変わるんですけど（笑）。たばことかをやめたくて、だけどやめられないとか、何かこう、やめたい習慣ややめたいものなどが、人はたくさんあったりするじゃないですか。それをやめたいけどやめられないっていうのって、何ででしょう？　というか、やめる方法はありますか？（笑）習慣です、やめたい習慣。

ECT

人が現在の習慣をやめようとするとき、その習慣について忘れようと試みることがあります。

たとえば、ある人がたばこを吸うことをやめようと決めたとします。その人のやり方として、とにかく心の中でたばことそれにまつわるすべてのことについて、もう考えないようにするんだと決めたとしましょう。たばこの煙が立ち込めているようなバーに行くこともやめ、たばこを吸う友達と付き合うこともやめ、そして自分の灰皿はきれいにして、そのあたりを散歩するときでもたばこの自動販売機のあるところは避けて、とにかくたばこが自分の考えの中に入ってこないようにしようと試みたとします。

このやり方を使ったとき、その人は自分の周辺の物理的な環境からたばこを消し去ってクリーンな状態にしようとしたわけですが、内側は何も変わっていないんですね。それはどの部分かというと、たばこを吸うかどうかの選択にかかわる部分なのです。人がある習慣を繰り返すとき、毎回それは選択に基づいて行われているんです。

そしてそれらの習慣に対応する最良の方法は、「選択する」ということが持っているパワーをその習慣に持ち込むことです。自分の今までの癖、習慣から逃れようとする方法を使うのではなく、自分自身の癖や習慣と正面から向き合い、勇気を持ってその習慣とどうかかわるかに関して新しい選択をするんですね。

簡単な例を使ってお話ししましょう。もう一度たばこの例でお話しします。自分はもうこの日以降はたばこは吸わないのだという日を決めます。それはその時点から二週間後かもしれませんし、一カ月後かもしれません。その人にとって、ちょうどこの日くらいがよさそうだという日を選ぶでしょう。そして、今日からその実際にたばこをやめると決めた日まで、その人がやる必要があるのは、喫煙に関してどのような選択を自分がするのかということについてです。

そこで、今日からたばこをやめると決めた日まで、毎回たばこを吸うたびに、たばこを吸うことだけに集中した状態で吸おうとその人は決めます。何かをしながらたばこを吸うということは一切しないようにするんです。テレビを見ながら、友達と話しながら、歩きながらたばこを吸うのではなく、とにかくたばこを吸おうと決めたときには、その周辺のすべてを自分の視界から取り除いて、そこに存在するのは自分という存在とこれから吸おうとしているたばこだけであるかのように認識し、「私は今、このたばこを吸うことを選択している」ということに気づきながらたばこを吸うようにするのです。それを繰り返していくと、その過程のどこかで、「自分はたばこを吸うことを今まで選び続けてきたけれども、それ以外に選べることもあるのではないか」と感じる瞬間が訪れるかもしれません。そのときには、「もし自分がたばこを吸わないことを選んだら、どのようないいことが人生にあるのだろうか」ということについて考え始めることが可能になるかもしれません。「自分自身のにおいも今よりもよくなるだろうし、たばこによって服に穴が開くこともなくなるだろうし、息もより心地のいいものになっていくだろうし」

そして喫煙をやめたなら、これはマジカルなことなのですが、肺も回復し始めるんですね。修復を始めてくれます。

金銭的にも、喫煙のために出費する必要がなくなります。その人の吸うたばこの煙によってほかの人々に害を与えることもなくなります。今までまわりの人や自分の子供にそのような影響が及んでいたかもしれません。ただただ唯一たばこを吸うことだけに焦点を合わせながら喫煙をしていると、その過程で今のような、もしやめたらその後にはどのような恩恵があるだろうかという考えがわいてくるんですね。

そして、やめると決めた日が訪れます。多くの人が、この日にやめると決めたんだから、まわりにあるたばこは全部始末しなさいと言います。私は、封を切っていないたばこを一箱残しておいて、それを常に持ち歩くことをお勧めします。とてもたばこを吸いたいという強い欲求がわき上がってくる日もあるかもしれません。そのときにポケットから、封を切っていないたばこの箱を取り出します。

そして自分にこのように語りかけるんです。「もちろんだよ、今この封を切って本当にたばこを吸いたければ、私はそれを選ぶこともできる。何も私をとどめているものなどない。自分がたばこを吸うことを選んだからといって、それを監視している誰かがいるわけでもないし、それを妨げている何かがあるわけでもない。でも本当は、私は違った種類の人生を生きたいんだ」と。「もうたばことの関係において、自分がまるで奴隷であるような人生をこれからは生きたくないんだ。自分から発するにおいも、そして自分が感じるフィーリングもより心地のよいものであるような、そんな人生を自分は生きたい。この瞬間にこのたばこのパッケージの封を切る代わりに私が選びたいのは、望むのは、そのような人生なんだ」と。

やめると決めた日が訪れてから最初の何日間か、とりわけ最初の数日は、今のようなことを一日に数回やらなければならないかもしれません。毎回選択を繰り返しながら、たばこを吸わない人生を選び続けるようにすると、その過程の中で、たばこを吸いたいという欲求が徐々に減ってきます。

ですが、たばこをやめると決めた日から少なくとも一週間くらいは、封を切らないたばこを一箱持ち歩くようにするんです。そうしながら自分自身に対して、自分が選択をできるということを思い出させるようにするんです。そして同時に、自分は選択ができ、なおかつ自分が選んでいるのは、新たなより健康的な人生なのだと思い出すのです。

この方法は、喫煙に対してだけではなくアルコールとのかかわりにおいても、または過食やそのほかのさまざまな、変えたい、改善したい習慣への対処方法としても応用できるものです。自分の癖や習慣から逃げようとする方法を取るのではなく、それに対する自分の責任を受け入れて、そしてそれ以外の何かを自分が選択するんですね。私がお伝えしている対応方法、アイデアに関して、今までのところはよろしいでしょうか。

銀色 はい。今聞きながら私は自分でいろいろ考えたんですが、ちょっと違うかもしれないんですけど、私なんかはよくあるのは、もう考えてもしょうがないけど考えてしまうというのがあって、それがなくなったらすごくいいなって思ったりするんですけど。たとえば誰かすごく好きな人がいて、ふられて、絶対だめだからもう忘れたい。可能性がない場合はもう忘れたほうがいいじゃないですか。それで忘れようと思うんですけど、つい考えてしまって、それも一種の習慣みたいになっちゃっているような場合、それもそれに当てはまるのかな？　心の場合は、ちょっと違うのかな。

ECT いいえ、応用できます。同じです。その通りなのです。

銀色 アハハ。じゃあ、気持ちをそういうふうにもう思いたくないっていうのに応用できるとしたら、どんなふうに思えばいいの？

ECT もちろんです。やらせていただきます。

銀色 ふふふ。

ECT それではあなたを例に取ってお話をしたいと思います。

銀色 はい。

ECT 「あそこにいるあの男性、彼はとてもハンサムだわ」と思ったとします。そしてまず、「あの人のことを見ていると、あの人とかかわりを持っていると、自分の内側からいろいろな思いがわき出してくる。わき出しているんだから、私は今、わき出したさまざまな思いを感じることを自分に許してあげよう」とします。
ですが、ある時点で彼が結婚していたことがわかったとしましょう。自分自身は、すでにある家庭をだめにすることにかかわりを持つような人ではないから、この彼との恋愛に関しては、これ以上先に進めることはやめようと決めたとします。だけど彼はとてもハンサムだし、とても魅力的だし、とてもセクシーに見える。「ああ、彼の香りは何ていいんだろう」

銀色　ふふふ。

ECT　「もう我慢できない、彼に惹かれる気持ちを自分はもうどうにも抑えることができない。私がここで経験していること、感じていることは、別に悪いものではない。自分が恋愛対象としての可能性について考えた人は適切な相手ではないにしても、それをきっかけに私が内側で感じていることに関しては、別に悪いことは何もないじゃないか」と感じたとしましょう。

「この出来事をきっかけに自分の内側からわき出してきたさまざまなフィーリングは、自分の人生を何か生き生きさせるような気がする。だからしばらくの間、私はこのフィーリングを十分に味わうことを自分に許してあげよう」「しばらくの間、私はあの男性のことに関してファンタジーを抱いて、その中に自分が浸ることを許そうじゃないか！」

さらに、「いずれ彼が離婚して、そして私とのお付き合いが始まって、永遠に幸せなかかわりを私と結ぶんだ」というところまでファンタジーを進めることを自分が許したとします。「私はこうした思いに浸ることを自分で選択しているんだ。この思いは悪いものではなく、ただただ自分自身の選択によって自分の思考、フィーリング、感情などを使うひとつの方法でしかない。だからこうしたフィーリングを感じたからといって、何も私が悪いわけではない」

するとその中で、「パワフルなフィーリングがさまざまわき出してきているけれども、フィーリングとかかわるうえで、今のこのやり方がこれからも自分にとって有効なフィーリングの使い方なんだろうか」と問いかけ始めるようになるでしょう。もし新しい選択をするとすれば、それはどのようなものなのだろうと。自分がこれから選択したいのは、自分が心惹かれて、結果的に恋愛関係を持つことができるような独身の相手に対して、自分の可能性を開くほうに進むことではないだろうかと自分に問いかけます。そして心の中でファンタジーを抱いているだけではなく、実際に自分自身には十分そのような恋愛経験をする価値があり、魅力があり、そして愛があると信じることを選択するのはどうだろうか、と問いかけます。

そうした経験を経ながら、自分が実現したいと思うような恋愛関係の相手になってくれる人と互いに引き合うことができるように、自分自身がどのように物事を考えるのか、どのように物事を感じるのかを自分の中で変化させる過程が始まるかもしれません。

「でも、すでに結婚しているあの男性に対して惹かれる気持ちは、これからもずっとなくなることはないかもしれない。けれども、それは本当に自分が望む、お互いに対等にかかわることができるような恋愛関係に自分が向かって進んでいくことをとどめる理由にはならない。だから、すでに結婚しているあの男性に抱いている、できれば恋愛関係を持ちたいという思いは、それ自体悪いものではない」

自分の人生で得たいものは何なのかにより焦点を合わせる過程で、このような対応を続けていると、結婚しているあの男性と恋愛関係を持ちたいという願望、欲求が徐々に和らいでいきます。ですから、逃れるすべはないのです。今の点はよろしいでしょうか。

銀色 はい。

ECT 習慣や癖に対応するには、それが外的な習慣であれ内面的な習慣であれ、それらから逃げようとするのではなく、正面からそれらと向き合い、対応していくのが有効な方法です。自分自身の敵から逃れようとするのではなく、チャレンジに正面から向き合い、有効な対応をしていくということなんですね。

ご自分自身の人生を振り返って、何かから逃れようとしたとき、そのやり方はうまくいかなかったという経験はされているでしょうか。

銀色 私が一番逃れようと思うのは、やっぱりいつも何かちょっと後悔した気持ちとか、そういう感情からなんです。その場合は忘れるまですごく時間がかかったり、忘れるまで引きずるみたいなことはあります。

そうした思いをより速やかに経過させる有効な方法は、それを忘れようとするのではなく、しばらくの間、十分にそれを感じることを自分に許してあげるということなのです。こんなことを例に考えてみましょう。十代の人たちが失恋をしたとき、どのようにその失恋を経過させていくでしょうか、あるいは乗り越えていくでしょうか。彼らはそのことをとても深く深く感じます。そして髪の毛を逆立てながらその経過を経ていきます。そのことについて友達に話して、友達がその話を聞いてクレイジーに感じることすらあるでしょう。

ところが一週間ほど経つと、もう終わっているんですね。もう完結している。あれほど騒いでいた失恋したばかりの本人が、「ああ、あの失恋ね、あれはもう終わって乗り越えたから」と言ったりします。このように、そこにあることに十分に浸るということを、セラピー的なプロセスとして使うことができます。

先ほどの十代の失恋の経験の例では、自分の心が乱れているとき、それはまったく自分にとってコントロールできないような状態だと感じられるでしょう。ですが、自分が感じる必要があるものがそこにあるとき、それを十分に感じることを大人の視点から意識的に選択して経過すれば、十代の人たちが速やかに失恋の痛手から立ち直ることができた部分と、自分の意志でそうすることを意識的に選択するという、ふたつのいい点を両方経験することができるのです。

私はリチャードの体を借りてこのように皆さんとコミュニケーションしているのですが、最初の頃から何回もお伝えし続けてきた、あるフレーズがあります。それは、「もしあなたがすでにあることについて考える、感じる、経験をしているならば、その瞬間には、もうそれらを考えなくしたり、感じなくしたり、経験しなくするには遅すぎる」というフレーズです。すでにそれはそこに存在するわけですから。

そして意識的な選択に基づいて、すでに自分が感じていることや思っていることを十分に考える機会を、あるいは感じる機会を自分に与えることができるようになると、そこにはいいことがあるんです。それらがよりスムーズに、速やかに経過されていくということ、状況がより明確に見えるようになってくるということなどです。

先ほどのように、結婚している男性と恋愛関係を持ちたいということについて考えたとき、そのことを十分感じ尽くす機会を自分にあげたときには、本当にそのように自分は人生を生きたいだろうか、いや、そのような選択をしたくはないということが、より明確に選べるようになってくるでしょう。

自分に対して闘いを挑むのは、生産的な対応の仕方ではありません。ですが、新しい選択をすることは生産的です。そうして自分の人生において起きていないことに注目するのではなく、起きていること、そこにあることに注目することも役に立ちます。よろしいでしょうか。

銀色　明確にするということが大切なんですよね。

ECT　何に対する明確さでしょう？

銀色　自分の気持ちとか感情。

ECT　自分が人生において何を欲しているのかということを知るためには、明確さが必要です。明確さがあれば、「私はいい人間関係を欲する、だから自分の人生がその方向に向かうために必要なすべてのステップを踏んでいこう」というように決めることができます。

そして先ほどの、相手が結婚している男性との恋愛関係について考えたとき、そちらの方向に進もうと考えることもできるけれども、そこに明確さがあれば、それよりも自分のより心から得たいものを得られる方向に人生を進める選択をするほうがいい、ということがわかってきます。

そしてある人が自分の人生において、二つまたは二つ以上の選択肢があって、どれを選べばいいのかわからないときを迎えたとしましょう。そのようなときには、少し前に進むことをやめてストップして、そしてリラックスして深呼吸でもして、静かに考えるのがいいでしょう。内側を振り返るんですね、自分が本当に欲しているのは何なのだろうと。そして自分にとって本当に大切なのは何なのだろうと問いかけます。ここで自分にとっての真実とは何なのだろうと。
そのように自分自身の内側を振り返って、さまざまな問いかけをする過程で、先ほど銀色さんがおっしゃった明確さが徐々に訪れてきます。そのときには、目の前にあるいくつかの選択肢の中でどれを選べばいいのかがより明確になってきたり、自分が選びたくないものを選ぶ可能性を解放することが可能になったりします。

銀色　やっぱり自分の中で自分の気持ちをはっきりさせていないときに、いろいろな悩みみたいなものって存在し続けることって多いですよね。

ECT　よくわかります。その通りです。ですから先ほどおっしゃった明確さが大切なのだということは、まさにその通りなのですね。それがなければ、まるで自分はこの時間、空間の中で風に吹かれ、どこに行っていいかわからないように舞い続ける一枚の枯れ葉のような存在になります。
人生の目的のひとつは、選択するということを練習し、その経験を積むことなのです。そして時に、明確さが訪れるまでに時間を要することもあります。ですから選択することに関する、今私がお話ししているこの練習の過程においては、自分自身に優しく接してあげてください。忍耐強く自分に接してあげてください。そして、人生において自分が欲するものを得ることを自分に許してください。

あなたはそれだけパワフルで賢く、クリエイティブな存在でいらっしゃるでしょうか。

私はあなたと、そしてあなたの種族全員が、自分の想像する範囲をはるかに超えてまさにそのような存在だと思います。

ほかに何かあるでしょうか。

銀色 じゃあ、ひとつだけ。私は生きていくっていうのって、生きているうえで自分を成長させるのって、物事を受け入れるっていうことを学ぶことだという気がするんですけど。受け入れ難いものを受け入れることっていうような気がしていて。そうですよね。……って、これは質問じゃないですね(笑)。すべてに言えるんですけど、たとえば子供が本当に言うことを聞かなくて腹が立つけど、結局それって受け入れるしかないじゃないですか。病気でもそうだし、あと嫌なこととかも。

ECT 人生経験において、受け入れるということは非常に大切な部分です。それと同時に、変化、選択もとても大切な部分なのです。そして変化、選択と受け入れることとのバランスを見いだしながら、人生の経験を積んでいくことがとても大切です。ですから、変えることができるものは変えてください。変えることのできないものは受け入れてください。このことを簡単に見ると、そのように言うことができます。
いずれにしても、選択をすることと変化、この二つと受容することとは、ひと組のものであり、人生経験の中で非常に大切な部分です。もちろんそれぞれの人生経験において、その状況に対して受け入れることが適切なのか、または変化を起こすこと、新たな選択をすることが適切なのかを見分けるためには、少しばかり時間がかかる場合があります。

銀色 そこを受け入れたほうがいいのか、変えたほうがいいのかというところで、立ち止まっているというか、悩んでいる人が結構多いんですよね。どういうふうにして選択すればいいのか、そのカギになるものとかはあるんですか？

ECT 一般的にですが、ある状況に対して変化を起こそうとして、それが困難である場合には受け入れることを選ぶんです。そうすると、受け入れたままにしておくのがいいのか、または今後新たな選択をするとすれば、変化を起こすとすれば、どのような種類のものが適切なのかに関して、新しい情報が開くのです。
たとえば、お子さんとのかかわりを例にお話しします。お子さんが自分の言う通りにしなかったとします。とにかく自分の言うことを彼らが聞いてくれるように、できると思われることはすべてやったとしましょう。ところが何もうまくいかない。そこでその瞬間、その時点においては、お子さんは自分の言うことを聞いていないという状態はそこにあるわけですが、それをまず完全に受け入れるようにするんです。受け入れることの背景には、自分の子供を愛したり、思いやってあげたり、彼らの立場で考えてあげたりということが役に立つでしょう。

そのように自分の子供をその瞬間のありのままの状態で受け入れてあげることができると、その結果、その子とのかかわりにおいて、何らかのかたちで自分の内側に新しい変化が起きるような、または新たな結果に結びつくような、さまざまな気づきや情報に対して自分を開くことができるんですね。

たとえば、自分の子供が自分に対して暴力を振るうような傾向がある場合について考えてみましょう。その場合は受け入れることは難しいです。ですが、この問題とかかわるうえで、解決に向けて進む前の段階で、現状で起きていることをまず受け入れることが必要かもしれません。その子の親である人々にとって困難ではあるけれども……。

銀色

その現状を認めるっていうことですよね。

ECT

そうです。今の例においては、つまり親に対して暴力的傾向を持つような子供とのかかわりにおいては、その子がそうした状態であるのはただその子がその状態であるだけであって、親である自分の責任でそうなったわけではないということも含めて、その瞬間そこに起きていることを受け入れるようにするんですね。

多くの親たちは、その子供が暴力的傾向を持っているのは、自分がその原因になるような何かをしたからだと責任を背負おうとするのですが、自分を責めることを手放すことも、受け入れることのひとつなのです。自分の子供は今、不愉快な状態、不快な状態だと、事実としてまず受け入れるんです。ここでの自分の役割は子供の今の状態をまず受け入れると同時に、自分自身がその子とのかかわりにおいて傷つくことがないように自分で保護してあげるという、この二つだと。そのように受け入れることによって、愛や思いやりのエネルギーがその子を含めまわりの環境に広がっていくと、その後状況が改善して、その子の振る舞いが変化していく可能性も出てきます。

ですが、そういった変化は、新しい選択がなされた後に初めてやってくるものなのです。そして新しい選択とは多くの場合、それに先立って、まず現状をありのまま受け入れるということをした後になされるものなのですね。まず、「そうだ、現状はいずれにしてもそうだ」「現状はこうだから、私はこれに関してこれ以上何もできることがないのだから」と、まずそのまま受け入れることを選ぶのです。闘わないことです。自分の子供とも、夫とも、さらに自分自身とも闘うことをやめるんですね。今、こうなのだからと。そうした後、では次にどうしようかと考えていくんですね。ほかにいかがでしょうか。

銀色

いえ。だから受け入れるっていうことが大事で、そうすると次の新しい扉が開く、受け入れることで変わっていくっていうことですね。わかりました。

ECT

そうすることがどんな場合でもたやすいかというと、そんなことはありません。人生ですから。これはあなた自身のトレーニングの場であると言うこともできます。

この銀河の一角にある小さな惑星で、あなたやあなたの種族たちは、自分で自分の人生を創造することを学び、練習しているんですね。それが実現したときには、その個人は宇宙に対して大きく開くことになります。

もちろん私は、今の段階で神秘的な方向へと話を進めるつもりはありません。でも、この世界はさまざまなトレーニングをする場として存在するということは、まさに真実なのです。そしてそこにいる皆さんが学んでいくにつれて、次から次へとドアが開くかのように、可能性が限りなく広がっていくのです。

ですから、ここに存在するチャレンジを受け入れてください。それが私からの提案です。

あなたがここにこうしていらっしゃるのは偶然ではありません。そして今この瞬間、読者の皆さんがこの文章を読んでいらっしゃるのも偶然ではありません。それはあなた自身が自分で選択されたトレーニングのひとつの現れでもあります。

そしてあなたのような存在は、私のような存在を――私以外にもたくさんいるのですが――さらに自分たちの進化を後押しするために、または手助けを受けるために、折々このように招いてくださっているんですね。

銀色 そうなんですか（笑）。

ECT あなたとあなたの種族は、孤独な存在ではないのです。時にあなたご自身も、そしてあなたの種族の皆さんも、とてもとても自分たちは孤独だと感じることはあるでしょうが、実はそうではありません。
リチャードがノックしているようです。

銀色 はい（笑）。

ECT それでは、また後ほどお目にかかることにしましょう。

銀色 ありがとうございます。

ECT どういたしまして。

＊補説……セッション5終了後、休憩中の会話

リチャード　先ほどエクトンは習慣や癖について、今までエクトンが人間とかかわっていて観察してきたというか、有効だと発見した方法を語ったと思うんですけど、私がたばこをやめたときは、本を読んだりしてほかからのアイデアも取り入れたので、エクトンの意見を活用したのは半分くらいです。

私はたばこをやめる前の段階で、それから目を背けることはやり方としてはうまくないということは明確にわかっていました。まわりを見るといろいろなところにたばこがあるので、たばこを自分の視界から消そうとすることはまずできないと。だからそれから逃れるというやり方は有効じゃないことはわかっていました。そこでエクトンが言ったように、それから逃れようとするのではなくて、それに正面から向き合って新しい選択をしていくという方法を使いました。

習慣のコントロールに関する本も何冊か読んだんですけど、書いてある内容に対して、このやり方は自分には合わないだろうと思うものもあったし、この部分は取り入れることができるかもしれないと思うものもありました。

エクトンは私とは違う存在とは思うんですけれども、エクトンがコミュニケーションを

するときに、私自身が経験してきたこととか学んできたことで役に立つものがあれば、それを使って、組み合わせて伝えることもあるんじゃないかと思います。それと同時に、エクトンにかかわってくださったほかの多くの人の人生経験を参考にして、それをほかの人々に伝えることもあるので、エクトンのもとに来てくれた人が、「エクトン、手助けしてくれてどうもありがとう」と言ってこられたら、それに対してエクトンはよく、「こちらこそありがとうございます」「あなたの経験から私も学んでいるので、これは相互的な交流なんだ」と言います。

銀色 うーん。

リチャード 彼は私たちと比べてより進化した存在だというのではなくて、単に違う存在だと私は思うんです。一番大きな違いは、私たちはこのような肉体を持っているのに対して、彼は肉体を持っていないという違いではないかと思います。

銀色 ふーん。エクトンには感情とかはあるんですか？　感情というか、人間みたいな。

リチャード はい。でも、人間として私たちが経験するような感情の上下というか、ローラーコースターのような感情経験はしないと思います。多くの人によく言うことなのですけれども、エクトンという存在は、自分が出会ったいろいろな存在の中で最も安定した存在じゃないかと思うと言っています。

彼があることに対して意見を持っているとき、伝えたいことがあるときには、そのことに関して非常に深く感じているし、そして情熱的でもあると思うんですが、その経験が波打つように上下するというよりは、非常に安定した深さとか情熱がそこにあるのではないかと思います。だからエクトンは人間が経験するように怒ることはないですし、また不安定になることもないようですし。

銀色　愛はありそうなんですけど、愛着というのもないんですよね？　愛着ってちょっとほら、執着に近いものが。個人的にとか、そういうのはないんですよね。

リチャード　私が出会った中で、エクトンは最も無条件に愛する存在ではないかと思います。だから彼にとっては、愛に関して規則とかルールがないような感じがします。そして彼が携えているその無条件の愛の資質というものが、とてもパワフルなのではないかと思います。

銀色　何か人がアリみたいに見えるのかな。というのは、もし私が無条件に平等に好きになるとしたら、アリだったら私、このアリは好きでこのアリは嫌いと思わないと思うんです。葉っぱとか。そういうふうだったら私、たぶん偏っていないと思うので、そんな感じなのかな、アリっていうか（笑）。

リチャード そうですね。今のは、とても面白い例だと思いますね。そういうふうに考えたことはなかったですけど、とても興味深い見方だと思います。今のアリのように見えるというところに付け加えて、エクトンはただアリたちを、あるいは木の葉をそれとして見ているだけではなくて、それにかかわりを持ったり、それと交流をするという点がまた面白いところなのではないかと思います。でもどちらにしても、彼は今の話の流れでいうと、アリたちのことを愛しているようです。

もうひとつ付け加えたいのが、とにかくエクトンは人間のことが大好きらしいんですね。人間のことが大好きで、人間と交流することも大好きで、そして折々、今やっているように私の体を借りて人間である人々と交流することは好きなんだけど、エクトンが人間になりたいかというと、そうではないと。そこははっきりしているという。

銀色 ふふふ。

リチャード 彼自身の存在の全体から見たときに、エクトンには私たちのような肉体を持つニーズとか欲求のようなものがないらしいんですね。そして私たちがすべてを選択しているということを前提に考えると、このように人間としてこの体を持って生きているということも私たちが選択しているわけですけれども、それと同じ視点から、つまりエクトンから見ると、人間というかたちをして生きる必要がないというか、あるいはそこから何か彼が学びたいことを学ぶということではないと。
私は、人間として生きるのは時にとても大変な部分があると思うんです。そういう大変な部分に関しては、エクトンは自分自身がそれを経験することには特に興味を抱かないのではないかと思うんです。そういう部分にも、エクトンの安定しているという資質や、客観的な視点を保つことができるという資質が表れているのではないかと思います。この何年かの間に、そのようにエクトンが言ったことがあります。

銀色　なるほど。

Session 5　2011.1.12　15:10~

セッションを終えて

Comment by Giniro Natsuo

「死」についても聞かなくちゃ、と思って聞きました。死を迎える段階で抱えているもの、しがみついているものが少なければ少ないほど、死は心地よくスムーズになり、生きている今の段階から、それらをできるだけ解放しておくと、より生きやすくもなる、という話がよかったです。

また、やめたい習慣をやめるには、選択することの持つパワーを使う、というのもよかったです。

受け入れるべきか、変化を起こすべきか、その選択についての話で、まず受け入れ、向きあうことによって、次にどうすることが適切なのかの新しい気づきや情報が開く、というのもわかりやすかったです。

それから、その後の休憩中にリチャードが言っていた、「エクトンは別に人間にはなりたがっていない。そこははっきりしている」というのが笑えました。「はっきりしている」というところが。私もどちらかというと、もういいかも（笑）。

死について

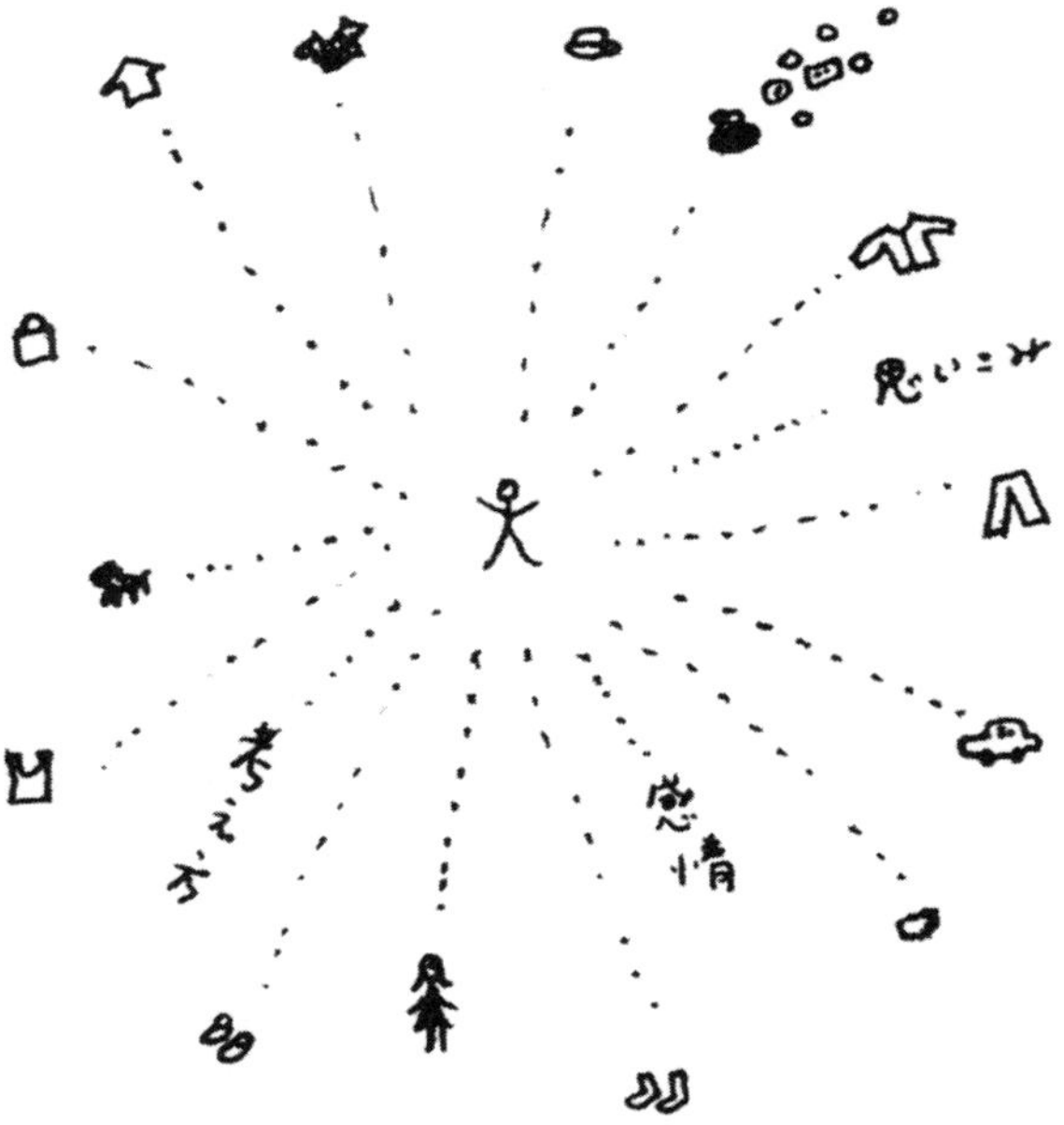

n.g

解放する

Session 6

2011.1.12 17:25 ~

ECT　再びこんにちは。

銀色　こんにちは。

ECT　それでは銀色さん、どのようなことをお話しになりたいでしょうか。私はあなたに対して開いた状態でいたいと思っていますから。

銀色　はい。私は、すべての人がそのままで素晴らしいというふうにいつも思って見ているんです。その人自身がそのままの自分を発揮していくと、それだけですごく素晴らしいと思っているんですが、自分以外のものを求めて、こう……自分以外のものになりたいと思っているような人も多いんです。私はその人らしさというものを自覚して、それを発揮して生きていってほしい、それを応援したいと思っています。
それは何かの職業に就いてそれで成功するとかいうことでなく、それぞれ今いる場所でできることだと思っているんですけど、でも自分のやりたいことがわからない、何をしていいかわからない、好きなことがわからないって悩んでいる人もすごく多くて、それをどうすればいいかもわからないとか。
だから私はその人自身であるということが大事で、そうしてほしいんですが、そのわからないという人に、どういうふうにアドバイスしたらいいんでしょうか？

ECT　まず読者の皆さんにお伝えしたいのは、自分自身を銀色さんと比較なさらないでくださいということです。

銀色　ふふふ。

ECT　そして読者の皆さん、自分自身を銀色さんとだけではなく、誰とも比べることをなさらないことをお勧めします。なぜなら、自分を自分以外の誰かと比べるときには自分よりも偉大だと思われる人が必ずどこかにいるし、自分よりも下だと見える人が必ずどこかにいるからです。ですから、自分を誰かと比較すること自体が役には立たないということなんですね。

そして銀色さんに対してですが、あなたが愛していらっしゃる読者の皆さんとのかかわりにおいて、彼らの責任を過度に背負おうとなさらないことをお勧めします。

銀色　はい（笑）。

ECT　読者の皆さんの一人ひとりは、ご自分自身で意識的に気づいているかどうかにかかわらず、その人がその時点でできるベストを尽くして生きていらっしゃるのですから。

そして彼らとの交流の中で銀色さんの役割のひとつは、今までなさってきているのと同じように、常に彼らを勇気づけてあげることです。また、彼らの人生の中でうまくいっていない部分を指摘する代わりに、うまくいっている部分に気づくように導いてあげるといいでしょう。

すでにご存知のように、個々人、一人ひとりがこの宇宙においてほかにはないユニークな存在なのです。その人の考え方、感情、スピリット、そして骨の密度から、細胞がどのような物質で構成されているかに至るまで。あなたが今までなさってきているのは、そのユニークさをサポートするということなのです。

人は、自分がスペシャルだと感じることを望みます。自分自身と鏡で向き合ったとき、自分に対して「自分という存在はスペシャルだ」と言えることを望みます。ですが、彼らのまわりの環境は、自分がスペシャルだと感じることをサポートするようなものではないかもしれません。

あなたと読者の皆さんとの交流の中で話題に出てくるように、人はさまざまな問題や課題を経験しながら生きています。恋愛関係において問題があったり、家族との関係、健康、仕事などにおいて問題だと思われることが起きているかもしれません。ですが、その人がどのような環境にあろうと、どのような状況を生きていようと、そのことによってその人がもともと持っているユニークさや、スペシャルであることが変わるわけではないんです。

読者の中の何人かの方は、現在の人生と同じような状況を維持しながら生きてゆくことを選ばれるでしょう。それはさまざまな理由からです。たとえば、自分の現実の中でいくつかの変化を経験したいとは思いながらも、人生全体に、ドラマチックな大きな変化を起こすことは好まないというような場合などです。そのような人々にも変化は起きるのですが、それらはより穏やかな、ゆっくりしたペースで起きる傾向があります。そしてそこにもその人のユニークさが表れているんですね。

また読者の皆さんの中には、すべてをできれば昨日にでも変えてしまいたいと思っておられる方もいらっしゃるでしょう。とにかく自分の人生の現状に深く満足をしていない。なので、その人生のあらゆる部分をできるだけ変えたいと、まるでとても空腹な動物と同じように、ハングリーな状態で変化を求めていらっしゃる人もいます。そのような人々は、まるで今あるものを全部空に投げ出すかのような変化を起こそうとするかもしれません。あるいは、そうはしないかもしれません。

先ほどお話ししたように、そのような人々の中には、自分が感じているフラストレーションに対して、現状を十分に受け入れることによって対応する人もいらっしゃるでしょうし、大きく現状を変えるという対応をする人もいらっしゃるでしょう。ですが、その人がどのような行動を起こすかにはかかわらず、その人がユニークであるということには変わりがありません。

読者の皆さん一人ひとりが自分自身の道を歩んでいらっしゃいます。そしてそれは一人ひとり違うものです。それら一人ひとりの人生の道というものは、その人の人生の中でしてきたすべての選択がそこに集約されているものであり、その人が経験してきたさまざまな影響もそこに集約されているものなのです。そしてこれら多くの、多くの、それぞれが異なる人々に共通していることは、その人の人生に何がどのようなかたちで起きるかにはかかわらず、変化は起き続けるということですね。

それは星にも起きています。自然にも変化は起き続けています。それをとどめることはできません。もちろん、変化をスローダウンさせることはできます。または多少その流れを変えることはできます。川の流れのように。しかしながら、変化そのものをとどめることはできません。

「自分の人生の中で最も優先させるべき大切なものは何なのか」ということを明確に自覚したときには、それに向かうためにどのように次のステップを踏めばいいのかが明確になってきます。それに対して、自分にとって今何が最も大切なのかがわからない場合には、次にどのようなステップを踏めばいいのかもわからないでしょう。

ですからこのことに関する問いかけは、「私は自分の人生において何をしたいのか」ということよりも、「私は自分の人生においてどのような存在としてありたいのか」ということであると言えるでしょう。自分自身がひとりの存在としてどのようにありたいのかということを個人が自覚するに至ったとき、それにはその人がどのような行動を起こすかということが伴ってきます。

銀色　うん、うん。

ECT　「私はできるだけ愛にあふれた、思いやりがある、正直なありのままの心優しい人でありたい」と思ったとしましょう。そのときには、まず時間をかけて、自分がありたいと思うそれらの資質を十分に感じたり、それらについて思いを巡らせたりする機会を持ちます。そして、現在の日々の生活においてそれらの資質を表現する機会を持つのです。自分の人生で表現したいと思う、自分の個人的な真実のさまざまな資質を探求し、明確にしていく過程において、結果的にその人がどのような行動を起こすのかは自動的に伴ってきます。人生がどのように展開していくかは、その人がどのような状態で存在しているか、つまりその人の在り方（beingness）によって導かれるのです。

このことは、この世界に生きているあらゆる人々に共通しています。そしてこの宇宙のあらゆる存在に共通することです。そこで人間として生きていて、自分はいったい何をしたいのだろうということについて、それほど多くの時間をかけて考える必要はありません。本当に大切なのは、何をするかではないのですから。

人生の終わりを迎えたとき、自分の人生の質は、自分が何をしてきたかによってではなく、自分がどのような状態で存在してきたかによって推し量ることができるものなのです。たとえばほかの人々とかかわるとき、彼らに愛と尊厳と尊重を持って接してあげただろうかとか、自分自身に愛と尊厳と尊重を持って接してあげることができただろうかとか、そういった質が自分の魂に、そして自分の振る舞いに十分に浸透しているかどうかということなのです。これこそが、自分自身の価値を推し量る基準となるものです。

先にもお話しさせていただいたように、人が困難に直面したとき、そこから新たな発見に結びつくことが多いんです。銀色さんご自身もそうした経験を経てこられたわけですが。そして、自分自身がより愛のある心優しい状態にありたいということが明確になってくると、結果的に思いやりのある行動を起こしたいと思うようになってきます。ですから、あなたはより心優しい、親切な、そして愛の豊かな人になってきていらっしゃいます。そしてあなたが今やっていらっしゃることは、そのことを反映するもののひとつです。

実際のところ、人が困難に直面し、その後新たな発見をして以前より心優しい、愛にあふれた人になったとき、結果的にその後の人生でかなり多くの時間とエネルギーを、ほかの人もそのような経験ができるよう助けることに使うようになる、ということが多いんですね。ですから銀色さんの読者の皆さんの多くが、すでにカウンセラーであったり、教師であったり、ヒーラーであったり、何らかの援助や手助けを提供する人々、またはは今後さまざまな経験を経てそうなるであろう人々なのでしょう。なぜなら、愛はより多くの愛を、分かち合いはより多くの分かち合いを、そして与えることはより多くの与えることをもたらしますから。

人々が現在経験している困難というものは、もしかすると彼らが生まれてくる前にそのことを選択したのかもしれません。その困難を経験することによって、それを経験しない場合よりも進化の流れにおいてより大きな、より深い真実に対して自分を開くことができるということを直感的に知っていたのかもしれません。

困難には意味が、そして目的があります。これからもそうであり続けるでしょう。あなたが経験してこられたのと同じように、読者の皆さんにとっても、です。

ですが、徐々に困難さは和らいでいきます。または溶けていきます。または性質の違ったものになっていきます。人生にようこそ。

銀色 アハハ。

ECT あなたがここに存在することを選んだのですから、それを受け入れてください。あなたは「自分がここにこうして存在することを自分が選んだのだ」ということを受け入れ、気づいていらっしゃると思うのですが、読者の皆さんも受け入れ、気づいておられると思いますか？

銀色　え、その人に聞かないとわからないけど。

ECT　その通りです。

銀色　ふふふ。

ECT　ですが、意識的ではないにしても、全体的には、銀色さんの作品を読んでいらっしゃる方々の多くが、自分がここに存在するのはまったくの偶然だとか、神が間違いを起こしたということではなく、何らかの必然性があってこの時代に、この国にこのように生きているのだと感じ始めていたり、考え始めていらっしゃるのではないかと思います。そしてその人たちは、あなたという存在をひとつの鏡として使いながら、その認識に至ろうとしていらっしゃいます。あなたは読者の皆さんに対して、興味深いことを書いたり、言ったり、したりしていらっしゃいますから。

読者の方々が、自分と銀色さんを比較するのではなく、銀色さんという存在をひとつの例として使って自分に役立てる限り、そしてひとつの例として自分のことを使っている読者の人々に対して、銀色さんが責任を背負おうとしない限り、あなたはそれで十分ご自分自身の役割を果たしていらっしゃると言うことができます。

銀色　はい。

ECT　もう一点あります。今はこの惑星において非常に大きな変化の時なのです。そこでこの世界に生きていらっしゃる多くの人々にとって、安定とか慣れ親しんだものはあまり存在しなくなってきています。その中でベストを尽くして、自分にとって最も有効で役に立つ、自分自身を表現できる現実、環境を創造することが個々人の責任です。自分自身の個人的な環境の中で、正す必要のあるものが存在するときには、ベストを尽くしてそれを正すのです。そして自分自身の個人的な人間関係において、正してあげる必要があると見える人がいるときには、その人が変化する責任を自分が背負うのではなく、その人自身が必要な変化を起こせるように援助をしてあげてください。

銀色　どういうことが援助になるんですか？

ECT　最初にできることとして、鏡に向き合って自分と対話する中で、「外見上正さなければならないと見えるような人々を引き寄せるもとになったものは、自分の内側のどこにあるのだろうか」と問いかけることが、援助のステップのひとつとなります。
あなたの読者の皆さんには、特に人間関係において何らかのかたちで傷ついている人や、さまざまな人生のドラマ、困難を経験している人に惹かれる傾向のある方が多いようです。なぜなら女性である皆さんの多くは、非常に豊かな母性を持っていらっしゃるので、そのような人に助けを差し伸べたいと感じる傾向があるからなんですね。

そこで最初のステップは、そのような状態の人を、自分が磁力的な引力によって自分の現実に引き寄せているのだということに気づくことです。これは恋愛に限ったことではありません。家族との関係や友人との関係などに関しても言えることです。

自分の両親が傷ついた人だとします。傷ついた両親に育てられた子供は、大人になったときに、自分を育ててくれた親よりもより強く親としての役割を果たそうとする傾向があります。直接的であれ間接的であれ、親が傷ついた状態で育てられると、子供でありながら親の役割を担わなければならないという場面が、いろいろな状況の中で出てきますから。

子供としての自分の表現を控えて静かにすることによって、不安を感じやすかったり、不安定な状態になりやすい両親を刺激しないようにする場合があります。

そのような環境で育った子供たちが大人になると、まわりの世界に自分の助けを必要としている相手がいないか求める傾向が強くなるのです。自分自身が癒やしてあげる相手を求めたり、自分を必要としてくれる相手を求めたりする傾向が強くなります。

ほかの人々を助けようとすること自体、何も悪いことではありません。ですが、ほかの人々を癒やしてあげよう、助けようとすることによって、その人自身が向き合って対処する必要がある自分自身の内側にある傷、癒やさなければならない部分を見なくするために、あるいは結果的に見えなくなるようなかたちでほかの人を助けることには意味がありません。

ある女性が男性に対して言うかもしれません。「あなたはとても傷ついているように見える、どうか私にあなたを救わせてちょうだい」と。私の提案ですが、そのときには鏡を見てください。そして自分自身を最初に助けてあげてください。

まずそのように自分を助けてあげることができたときには、自分がかかわっているほかの人々にどのように助けを提供してあげればよいのかが、より明確に見えてきます。

自分自身のケアをしてあげることは、何も利己的な行為ではありません。自分自身のニーズを無視しながら助けを提供しようとすることは、むしろ利己的なことだと言えます。

銀色 うーん、結構いますよね、そういう人。

ECT つまり自分自身の傷に対応することなく、救う人となることは役に立ちません。もしそれをすると、救う人になろうとした結果、自分自身が苦しみを経験することになりますから。

銀色　結構そういう人がいて、人を救いたいと言って救っているように見えるんだけど、逆に、それによって誰も救われていなくて、より複雑なことに、悪い結果になっていくというケースが多いような気がします。

ECT　その通りなのです。なぜなら、一般的にですが、そのような人々はまず自分自身のニーズに目を向けていませんから。

とても豊かな女性性を持つ方ほど、今のようなことが起きる傾向が強くなります。そして結果的に自分が苦しむことになるんですね。

ですから、ほかの人々を何らかのかたちで助けようとしているにもかかわらず、相手がそれを拒んだときには、どうかそれ以上なさらないでください。相手を助けようとすることをそこでやめるんです。彼らが救われるためには、彼らが正されるためにはどのようにすればいいのかと繰り返し考えたり、試みたりすることをやめるんです。自分自身の呼吸を無駄にすることをやめるんです。彼らは自分にとって準備ができたとき、適切な瞬間が訪れたときに、自分自身で自分を正し、癒やすでしょうから。その一瞬でも前にそれが起きるものではありません。

自分自身の注意を向ける対象を変えてみてください。そしてその後、自分が助ける、サポートしてあげる相手を選ぶときには、よりそれを受け入れてくれる有効な相手を、対象に選ぶようになさってください。自分が提供しようとしている愛、援助、思いやりなどをオープンな状態で受け入れることができる人に、それらを提供してあげるようにしてください。提供しようとしているものを拒む人にそうするのではなく。

銀色 さっき、好ましくない人と出会ったりした場合、それって自分が引き寄せているという話、私もそうだろうなと思うんですけど、パッとこう、振り返ってみると、この過去一年に三人ぐらい浮かんできました。パッと三人。あ、この三人は私、あんまり好きじゃなかったなって。

それでその三人、何であんまり好きじゃないあの人たちと出会ってしまったかということをこう考えると、うーん……と考えると、あそこだ、というのがあるんですよ。あそこでちょっと自分は調子に乗っていたとか、あそこで冷静に判断しなかったとか、必ずあるんです。

ECT なぜそのようなことを発見できたのかというと、先ほどからたとえて言っていることなのですが、ご自分自身が鏡に向き合おうとしてこられたからなのです。そして、これから読者の皆さんも、今お話ししたように鏡に向き合ってそのような発見をしていかれることを、私は望みます。

次のようなことも覚えておいてください。傷ついた状態で生きている人は、何らかの機会を引き寄せて、相手を見つけて自分の不満を聞いてもらおうとしたり、自分の問題の相手になってもらおうとしたりする傾向があります。

つまり、たとえて言えば、釣り糸の先にエサを付けた釣り人のようです。釣り糸を投げて、不満を聞いてくれたりする相手を探すわけですが、そのエサが目の前にやってきたからといって、自分がそのエサを食べることを選ぶことはありません。

ですが、釣り人があまりにもドラマチックな困難を経験しているときには、ほかの人々を助けたい、救いたいという傾向を持っている人は、そのような人に非常に強く心惹かれる傾向があるんですね。ですから、エサが目の前にやってきたときに、それを食べることを選ぶ場合があります。そういう人の相手になって、多くの時間を使って不満を聞き続けてあげるという場合があります。

銀色 そういう何かドラマみたいなものを、その人自身が好んでしまっている場合でしょう?

ECT そうです。

銀色 でもそれは、結構、よくありますよね。恋愛でもそうなんですけど、この人と付き合ってたら絶対だめじゃないの?みたいな人にどうしても惹かれちゃう人というのが、わかっていてもいますよね。

ECT　銀色さん、恋愛にもこういうことがあるからこそ、私は今このことを話しているんです。

銀色　アハハ。いや、私は……。

ECT　そしてこの課題は、銀色さんご自身のものであるだけではなく、読者の皆さんにとっても役に立つことだからお話ししているんです。

銀色　ふふふ（キャー！）。

ECT　例を挙げます。ある女性が心惹かれる男性と出会ったとしましょう。そして、その男性が女性に不満を語り始めるんです。自分は結婚しているんだけれども、自分の妻と近しさを感じないんだ、心からの会話ややりとりができないんだと、不満について語り始めます。その男性が自分の困難なストーリーを語る相手が、困った人を救済しようとする傾向を持った女性だったとしましょう。そのときに何が起きると思いますか？

銀色　お互いに引き合う感じでしょう、必要としちゃうみたいな。

ECT　そうです。そのときに、相手ではなく鏡を見て自分と向き合うということが起きない場合は、その二人の出会いがどのようなことになる可能性が高いと思われますか？

銀色　え、そのままこう、転がり落ちていくんじゃないの。

ECT　そうです、その通りなのです。長期間続く満たされた恋愛を経験することが不可能な関係へと、お互いが入っていくことになります。

銀色　でもそれを、二人がすごく好きだったりすることがあるじゃないですか。そういう状態をすごく二人ともワクワクして大好きな場合は、それはそれでいいんですかね。急に何かタメ語で（笑）。

ECT　今私がお話ししている例においては……。

銀色　あ、そうですね、今のは結婚していたんですね。じゃあ結婚していなくて、たとえば誰にも迷惑をかけなくて、誰にも迷惑をかけないけど、二人とも何かちょっとそういう、病んでいる感じの二人で。二人だけで、何かこう、二人の世界で、人から見たら「何をやっているんだろう」みたいな感じなんだけど二人は幸せ、っていうのだったらいいのかな。

ECT そのような二人がかかわりを持ったとき、多くの場合、強烈になりすぎて心地のいい関係には至らないことがほとんどなのです。

銀色 まあ、急激に親しくなってすぐ終わるというか、そういうのを繰り返す感じですよね、そういう場合。

ECT そうです。通常、関係が始まって終わりを迎えるまでに要する時間が、出会いが始まってから何分後かであったり、一晩であったりするような関係です。なぜかというと、ここでの問題は、ドラマチックな経験をしているこの二人ともが、自分が求めるものが自分の外にあると思っていて、それを求めようとしていることだからです。そんな二人が出会ったとき、ある幻想がつくり出されるんです。自分が心から求めていたものをこの人は持っている、この人とかかわることによって得ることができると、双方がそのような幻想を抱くんですね。ですが、それそのものが終わりの始まりでもあるのです。

銀色 ほとんど恋愛って、そういうほうが多いですよね、結構。

ECT　未熟な恋愛感情はそのような状態から始まることが多いのです。そのように言い換えたとき、私は同意します。

銀色　あ、そうですね。はい。ふふふ（つい未熟なものが浮かんでしまうところからしてすでに……）。

ECT　ですから、私たちが今お話ししているのは、いわば十代の人たちの恋愛ですよね。でも、多くの大人たちがその状態のままです。

銀色　はい。そうですね。あの、一目惚れというのは何なんですか。

ECT　それでは、そのことについてお話しする前に、先ほどの話題の続きをまず完結させてください。

銀色　はい。

ECT　先ほどの例の続きです。そのような二人、相手が自分の求めているものを持っているのではないかという幻想からかかわり始めた二人が、そのかかわりの途中で鏡に気づい

銀色

て、つまり相手に求めていたものは実は自分の内側から見いだすものなのだということに気づいて、お互いが軌道修正をできたならば、そのときには「欠けるところがない全体がそろった個人」(whole individual) としての二人がかかわるような関係に発展することができます。私はそれを、「成熟した恋愛」と言っています。

それに対して、自分は欠けているので欠けているところを相手から得ようとかかわる状態が、未熟な恋愛なんですね。

外見上、二人の欠けた人が出会ったとき、一人ひとりが半分ずつであったとします。その二人が出会って、欠けるところがない全体になるというわけではないんですね。欠けるところのない状態で存在している二人が出会ったときには、お互いがかかわることによって1+1=2以上になるような、相乗効果的な、より大きな全体をつくり出すことができます。

自分自身が欲しているものを相手が持っていて、相手からそれをゲットしたいという見方から恋愛を求めている方が読者の皆さんの中におられるならば、私がその方にお勧めしたいのは、そうする前にまず自分自身と向き合ってみてくださいということです。外に求めているものは、実は自分の内側に存在しますから。

でも、え、いいですか？　今のは私にも当てはまるんですけど、私、自分を鏡で見ると、こう、だめなところがどうしてもたくさん見えちゃうんですよ、完全ではない。まあ、そうなんです。それはこの間も言われたんですけど、完全でないと思っている以上、完全でないものを引き寄せると。でも、完全だとは、どうしても思えないんですよね（笑）。

ECT その状態で鏡に向き合って、自分は欠けるところがない人だと認めることは困難だとは思うんですが、でも不可能なことではないと思います。

銀色 わかった、これじゃない？（笑）あのさ、欠けたように見えるそのかたちが、別に丸というわけじゃなくて、自分のかたちがあるでしょう、こう、でこぼこした。それが完全だと思えば完全だと思えますよね。それ？　それでいいの？

ECT 永遠なる創造者としての資質を携えたあなたが、物質的な世界にそのように現れているわけですから。ですから、半分だけの人とか、半分だけのソウルが存在することはあり得ません。

銀色 つまりすべての人がもう生まれつき完全なんだよね。完璧というか、そういう意味では欠けていないということですよね。

ECT　まったくその通りなんです。

銀色　でも、欠けているように感じてしまっているわけでしょう。

ECT　そのことに関してですが、なぜ人々はこの世界を訪れるのでしょう？　物質的な世界で、ほかの人々と交流をするためなのです。

ソウルとしてはすでに完結しているのですが、この世界でほかの人々と非常に興味深い、複雑な、素晴らしい、そして時に困難な交流ができるように、この物質的な世界においては、自分が完結していない、あるいはすべてがそろっていないように感じたり認識したりすることを、意識的にではありませんが、選択することがあります。ですから、そういう意味では人類の皆さんはとても興味深い存在なのです。

この惑星における現時点での皆さんの進化の状態では、私が観察したところでは、この物質的な世界で十分にそれに焦点を合わせて豊かな経験をするためには、自分自身のソウルとしての記憶をいったん忘れる必要があるんですね。

あなたは、完結しているけれどもまったく空の状態の物質的な器とともに生まれてきます。そして、人生を生きる中でさまざまな経験を積み、さまざまな知識を得ながら、人生の終わりに至ったときに、自分自身は欠けるところがない存在なのだという認識に至ることが望まれます。そして、さらにそこから次のサイクルを繰り返すんですね。最終的には、人類の文化的、社会的進化によって、この世界で生まれ、生きていくために、初期の段階で自分自身が欠けたところがない存在であるという記憶を一時的に忘れる必要がない時代を迎えるでしょう。もう今生まれてきている子供たちの中には、自分自身の源とのつながり、この世界を訪れる前の経験の記憶を携えたまま生まれてくる子供たちが出てきています。そして幼いながらも、自分自身が欠けるところがない存在なのだということを自覚している子供たちが出てきています。それは今後、人類の進化の流れが向かおうとしている状態の表れなんですね。

次のように考えてみてください。自分自身が肉体を持たない、非物質的なソウルとして存在する状態であれ、肉体を持って人間として生きている状態であれ、すべてに対して意識的であることが実際に可能であったらどうだろう、と考えてみてください。そして物質的な世界での経験をするために、自分自身の源とのつながりや自分自身のソウルに関して、もし忘れる必要がなかったらどのようだろうと想像してみてください。

銀色　はい。

ECT　非物質的なソウルとしてあなたが存在する状態も、物質的な世界を経験する状態も、永遠に常に常に意識を保った状態でどちらも経験することが実際に実現するとしたら、と考えてみてください。そこにチャレンジが伴わないというわけではありません。しかしながら、無意識になる必要は存在しません。それが、人類が今後、進化の過程を経て迎えるであろう状態です。あなたの未来がそれなのです。今ので伝わったでしょうか。

銀色 っていうことは、今結構完全な状態のままの意識で生まれている子供たちは、どういう気持ちなんだろう（笑）。

ECT 彼らの環境によるでしょうし、彼らが生活するうえでどのようなサポートを受けているのか、またはどのようなサポートが欠けているのかにもよるでしょう。幼い頃から意識を保つことをサポートするような環境が周辺にあったり、そのことを支えてくれるような両親に育てられる子供たちもいますし、そういったことには意識的に気づいていない両親のもとに生まれる子供たちもいます。その場合は、ひとつの例としては、そのことに無意識である親たちが、意識的に生まれてくる子供と接することによって、逆に親が子供から学ぶ機会を持つんですね。ですから、状況はさまざまです。

銀色 はい。わかります、うん。

ECT　そのような子供たちがもっともっとこれから出てくるでしょう。幼くしてそのようである子供たちが、非常に賢明な存在たちが、今この瞬間、子供として生まれてこようとしているんです。そして何ということでしょう、皆さんの世界は、そのような賢明な存在たちをぜひ今必要としていますよね。

銀色　うーん。

ECT　今日ほかにお話しになりたいことはありますか。

銀色　じゃあ、さっき途中になったくだらないやつ（笑）。あの、一目惚れって、よくみんな運命、運命って言うじゃないですか、出会って。あれって何なの？　思い過ごし？

ECT　それらの経験は、複数の転生とかかわりがあるものなのです。出会った相手とほかの転生で、またはほかの次元で、ほかの現実で、さまざまなかたちでかかわりを持ってきた、そして今回もまた、前回のかかわりを終えたところからお互いのつながりを始めようという選択をしていた二人が出会ったときなどに、そういうことが起きます。そして、今話してくださったものとは反対のフィーリングがわき上がることも、実際にはあります。

銀色　嫌いってこと？

ECT　誰かに会った瞬間に、この人は嫌いだと強く思うような関係ですね。それも通常は、複数の転生とかかわりがある出会いなのですね。お互いのかかわりの中で、何らかのかたちでバランスさせる必要があるもの、調和させる必要があるものがあって、お互いを引き寄せ合うというかたちで出会っているんですね。この一目惚れというような非常に力強い恋愛感情は、ケース・バイ・ケースです。

銀色　うん、うん。

ECT　そのような経験をした後、その人がどのようにそれに対応していくのかによっても、その後の展開は変わります。
ここで理解していただきたいのは、最初に出会ったときに恋愛的に惹かれる感情がとても強くわき出してきたからといって、必ずしもそれは、その関係が長期にわたって続くことを保証するものではないということです。
そのときには、これこそ自分のソウルメイトだと思う人に出会ったと感じることはあるかもしれませんが、お互いが出会うことによって経験するはずのこと、または完結させる必要があることを完結させることができるまで、それが何であれ、お互いの関係は続きます。そのためにどのくらいの期間がかかるのかについては、特に決まりはありません。

銀色 あの、続けばいいってもんじゃないんですよね、関係って（笑）。

ECT もう一点だけ付け加えたかったんです。

銀色 はい。

ECT 時には一目惚れという経験が、生化学物質に対する反応によるものである場合もあります。フェロモンの影響によって強い恋愛感情を感じることがあるということです。

銀色 あ、それはありますよね。本能的なものですよね。

ECT 一般的な言い方なのですが、相手から伝わってくる香りが自分にとってとても好ましいと感じたりする場合ですね。皆さんは人間という姿をした動物でもいらっしゃいます。

銀色 それは動物的なとこなんですよね。

ECT　そうなんです。人間の動物的な側面がそのように現れているんですね。

銀色　それはほら、多い人と少ない人とかいるけど、まあ、それはそれぞれっていう感じでしょうか。

ECT　はい、そうです。そしてお互いのフェロモンがどのように交流するのかも、個々人によって異なります。ここで難しい部分は、今お話ししたような生化学物質、フェロモンに反応してそのように強く相手に惹かれるものを感じているのか、または複数の転生を背景にして感じているのかを、どのように見分けるかなのです。

銀色　あるんですか、方法。

ECT　難しいんです。

銀色　ああ、そうするとやっぱりまあ、実際体験してわかるっていうか、自然の流れに任せるっていうことですか（笑）。

ECT　そのような経験をしたとき、その相手と恋愛関係を持つことを選ぶときには、一人ひとりがあらゆる可能性に気づいている必要があります。先ほどお話ししたように、生化学物質の影響かもしれないし、複数の転生に及ぶさまざまなお互いのつながりを背景に惹かれる気持ちを感じているのかもしれないと。
もうひとつ心にとどめておいていただきたいのは、今言った二つが同時に起きる場合もあるということなんですね。

銀色 じゃあ、もう、わけわからないね。アハハ。

ECT お互いのその割合がどの程度であるかは、そのときによって違いますが。

銀色 私、もう一個聞きたいんですけど、いいですか？ あの、パートナーを別にそんなに必要としない人たちもいると思うんですよ。それにもまた私、結構シンパシーを感じたりするので、それの何か存在意義とかがわかれば、私、ちょっとうれしいんですけど（笑）。

ECT あなたはこの世界に、欠けるところがない全体的な存在として生まれてきました。そして意識的に気づいているかどうかにはかかわらず、そのように生まれてきた人は、一生欠けるところがない全体的な存在として生き続けます。
それと同時に、人間としては社会的な生き物であり、社会的な動物という側面も持っていると言えます。そこであなたは、まわりを取り巻く社会と、自分にとって最も有効だと思われるかたちで——それはいろいろなかたちを取ると思いますが——交流を持つんです。

今ひとりでいることに特に問題を感じていない、またはパートナーがどうしても必要だと感じていない人々も、今後もしかするとパートナーと出会うことがあるかもしれません。恋愛を経験することがあるかもしれません。ですから、現段階でひとりで人生を楽しんでいるからといって、自分が恋愛をする可能性を完全に排除する必要はありません。

パートナーを持たずに生きることを選んでいる一人ひとりの人すべてに当てはまる話をすることは、ここではできないですね。一人ひとり異なります。

そのように生きている動機にはさまざまなものがあり、ポジティブなものも、そうではないものもあるでしょう。その中にはひとりで生きることを楽しんでいる人々もおられるでしょうし、親密な関係に対して怖れを抱いているためにひとりでいることを選んでいる方もいらっしゃるでしょう。このことについて描写するうえで、すべてを含む幅の広いブラシのようなものはありません。

パートナーと出会うまでは、自分が幸せに感じることを許せないと感じていらっしゃる人に対して、私は特に助言を差し上げたいんです。その人は、独りであること（alone）

を心から怖れていますから。でもその人は、すでに自分は独りであるということに気づいていません。パートナーが存在する場合でも、頭の中、心の中においては、あなたは完全に独りなのです。

ですから私は、とりわけ今自分の人生にパートナーがいない、そしてそのことに対して心から怖れを抱いているような人々に対してお伝えしたいんですね、まず鏡を見てくださいと。そして自分自身と向き合って、自分が何も欠けたところがない存在なのだということを認めてあげてくださいと。そうすることによって、出会いの可能性に対して自分を開くこともできますから。

私が皆さんの生き方、皆さんの在り方を見せていただいてとても興味深いと感じるのは、次のような場合でもあるんです。ある人が、自分自身はひとりで十分なんだ、パートナーはいなくて大丈夫なんだ、自分はこれからもひとりで生き続けていくんだとある時点までおっしゃっているのですが、あるときその人に出会いが訪れるんですね。とりわけ成熟した恋愛を経験する場合は、今のような順序で出会いが訪れる場合が多いです。さらに……。

銀色 うん、もう、ひとりでもいいんだと思ったら出会いが。

ECT そうです。以前ご覧になったことがある、そしてご自分自身でも経験されたことがある、自分に足りないものを相手に求めてかかわるような恋愛ではなくて、自分自身が出会う前から欠けるところがない存在なのだという経験をし、そして同じような経験をしている相手と引き合う恋愛をすることが実現可能だということですね。

ですから、ここで私が話させていただいているように、今ひとりでいらっしゃる方はひとりの状態を、パートナーがいる方はその状態を、今自分の現実はこうなのだから私はこの現実をまず受け入れるというところから始めるということは、あなたにとっても読者の皆さんに対しても、どの方にも役に立つと思います。

銀色 うん。はい。私もそう思います（笑）。

ECT 先ほど言ってくださった言葉、つまり「長ければいいというものでもないんですね」ということは、正確な理解の反映であると言えます、恋愛に関して。

銀色 アハハ。

ECT いいとか悪いというわけではないんですが、正確な理解がその言葉に表れています。あらゆる無限の可能性が、そこにあると言っていいでしょう。どのように二人が出会い、どのようにその後、人生を過ごすのかといったことに関してですね。

そしてそれが、人々がこの世界を訪れる大きな理由のひとつでもあるんです。精神的に、感情的に、そして物質的に、いかに限りなく多様なかたちで愛を経験するかということが、その目的です。そして食べるためでもあります。人類の皆さんは食べることが大好きでいらっしゃいますから。ほかに何かおありでしょうか。

銀色 いえ、もう十分聞きました（笑）。

ECT 再び今回もこのように交流する時を持つことができて、私にとって深い喜びでした。

銀色 ありがとうございます。

ECT それでは愛とともに、またお目にかかることにしましょう。

 Session 6　2011.1.12　17:25~

セッションを終えて

Comment by Giniro Natsuo

この回で面白かったのは、「自分の人生の中で最も優先させるべき大切なものは何なのか、ということを明確に自覚したときに、それに向かうためにどのように次のステップを踏めばいいのかが明確になる」というところです。つまり、自覚することによって迷いがなくなるということですね。「私は自分の人生において何をしたいのか」ということよりも、「私は自分の人生においてどのような存在としてありたいのか」という問いかけが大事だということ。それは、今を生きる、ということでもあると思います。

「人生がどのように展開していくかは、その人がどのような状態で存在しているかによって導かれる」という言葉もとても好きでした。「本当に大切なのは、何をするかではないのです」「人生の質は、自分がどのような状態で存在してきたかによって推し量ることができるものなのです」なんて聞くと、なぜか泣けてきます。それは、真実だと思うから。それこそを私は言いたいんだと思うから。ここに、生きることの救いがあると思います。

そのあとの、惹きあう病み人たちみたいな話も面白かったです。

人はみな　欠けるところがない

このままで　完全

n.g

Session 7

2011.1.13　13:55 ~

ECT　こんにちは。

銀色　こんにちは。

ECT　銀色さん、このようにまたお目にかかれてうれしいです。

銀色　私もうれしいです（笑）。

ECT　そうして、いつものように私たちのコミュニケーションが、何かしら価値があるものだと感じていただければうれしいのですが。
それでは、今日はどのように進めていけばよろしいでしょうか。

銀色　私は、今日はいろいろ聞きたいことをどんどん気ままに聞いていきたいんですけど、いいですか。

ECT　はい、それでいいと思います。

銀色　じゃあ、もう聞きますね（笑）。

ECT　どうぞ。

銀色　私は世の中に怖れなければならないものはないと思っているんですけど、でも人々の恐怖心を利用して人々を操ろうとする人とか、するものはありますよね。そういうものを私はすごく好きではないんですが、悪とか怖れなきゃいけないものは存在するんですか？

ECT　私の相対的な視点から言わせていただきますと、この多次元の宇宙において、どのような経験に対しても、私は価値判断を持ち込むことはしません。もちろん、皆さんの世界において外見上「悪」と見えるものがあることに関しては、私も同意します。そして、皆さんの世界においては、外見上「善」と見えるものも存在します。これはあなたがかかわりを持っていらっしゃる物質的な世界に存在する、二元性の現れです。

そして人生経験において、人々は視点を置く場所を必要としています。闇について知らなければ、そこに光があると、いったいどのように認識すればいいのでしょう。この物質的な世界においては、数えきれないほどさまざまな二元性の現れが存在しています。この世界で多くの人々が経験している怖れは、この現実においてはほとんどの場合、ひとつの選択肢でしかありません。しかし、怖れはひとつの選択肢として皆さんの細胞の構造、遺伝子の構造に組み込まれ、状況によって皆さん自身の生存を支え、守るために存在しているものでもあるのです。時に、怖れによる反応が命を救ってくれる場合があります。

ですが、ほとんどの場合、怖れによる反応はオプショナルな、選択による経験です。そして銀色さんがご存知の通り、怖れを感じさせるものはよく売れるものなのです！

銀色 そうですね。わかります。

ECT 怖れに基づいて物事を売ろう、広げようとする人たちは、怖れというものがどのような性質を持っているのかよく知っています。数えきれないほどの企業や広告業界の、私たちが今使っているこのような会議室で、どのように怖れを使って自分たちの製品やアイデアの売上をもっと伸ばせるだろうかという会議が、この瞬間も行われています。このように非常に有効なものを使おうとその人たちが考えるのは、驚くことではありません。そうして、あなたのような物事をとても明確に見ることができる女性にとっては、このゲームが非常に心地よくないものに感じられるのも当然のことです。

あなたのような方がこのことに関してできることのひとつは、怖れというものが人々の心を操作するためにさまざまなかたちで使われていることを表に出す、表面化させることにかかわることです。どこかに、オプションとして感じても感じなくてもいい怖れがあるとき、自分自身でそれに気づいたり、自分の子供や友人、そして読者の皆さんにそのことを伝えてあげてください。

では、先ほどお話ししたような、数えきれないほどの企業の会議室で怖れについて研究し、それを使ってどのように自分たちのマーケティングを有効に展開しようかと考えている人々は悪なのでしょうか。

私は、この現実に存在するさまざまな出来事を白と黒、または二つの極に分けた価値判断を持って見ることはしません。ですから、そのようなことにかかわっている人々も、私から見れば悪い人だというわけではありません。彼らがすることによって傷つく人々がいる場合においてすら、です。

いずれは向こうに輝いている太陽も寿命を終え、爆発して、この地球をもすべて呑み込み、ここに育まれた生命をすべて終わらせるようになるでしょう。だからといって、そのことは悪でしょうか。私の相対的な視点からは、そのような出来事は悪ではなく、自然の出来事の一部です。

怖れというものをほかの人々を操作するために使うということについても、進化していく過程で起きる自然な出来事のひとつです。それに対してあなたのような方は、そのことが起きているのに気づくのです。ちょっと待て、自分はそれを信じることは選ばない、または、自分はそのようにして売られる製品を買うことはしないという選択をされます。

必ずしも自分にとって真実ではないにもかかわらず、真実であるかのように自分に差し向けられた考え方、観念なども、ここでは話の中に含めています。先ほどお話ししたように、疑問の余地もなく悪に見えるものは存在します。

しかしながら、まわりの世界に存在するさまざまな出来事に対して、どれが悪であり、どれが悪でないのかを判断しようとし続けると、その価値判断をしようとする人は、多くのエネルギーを消費することになります。もし外見上、悪とみなされるものに出会って、それに対して自分が心地悪いと感じたならば、そのときにはより深く内側に入ってみてください。そして自分の鏡に向き合うように、自分の内側にその悪とみなされるものと同じようなものがあるかどうか確認してみてください。

悪についてもうひとつ、お伝えしたいことがあります。歴史の中には外見上、非常な悪だとみなされるような、さまざまな人々や出来事が存在する場合があります。しかし、そのような出来事や人々をもっと深くて広い視点からもう一度振り返って見てみると、その悪なる出来事や悪なる人々によって、より大きな世界規模の、地球規模の進化にまつわる必要がいかに満たされるかが見えてくるでしょう。

そして、今お話ししたような巨大な悪に見えるものが起きたとき、「そのようなことは決してこれから繰り返さない」という選択に至ることがよくあります。もうあのような爆弾を投下することは決してしないと選択されるに至る場合もあります。ですから、外見上、悲惨に見える出来事やそれにかかわっている人々も、進化の流れを見ると、役割を担っているのです。

それで意味が通ったでしょうか。

銀色 わかります。それは自然の流れであり、そのことによって学ぶことがあるということですよね。

ECT 自分の種族が進化する過程でそれが起きているのだと見るとき、まさに今おっしゃった通りです。自分が自然をどのように認識するか、その認識の範囲を広げる必要があります。そのためには、身近な公園などに行って木を見ることも役に立つでしょう。一般的にですが、木々は人々の命を奪うことはしません。人類という種族の進化上の必要について、より広い視野を持つことが重要です。

この進化の過程とは、全体的には自分自身が何であり、どのような存在であり、自分には何が可能なのかということに関して目覚める過程であると言い換えることもできます。このことは私が最初にお話ししたことにつながるのですが、それはあなた自身が携えていらっしゃる愛という資質です。そして、それがいかに大切かなのです。

銀色 じゃあ、すごく身近な話で言うと、たとえば私があんまり好きじゃない人が目の前にいたときに、そうしたら、そのときは好きじゃないから離れればいいし、もし離れられない関係だったら、それは何でかなということを考えればいいんですか？

ECT

今、言ってくださったのは、そのような場合における二つの有効な対応方法です。たとえば、ある人が自分の人生に現れたり、ある出来事が自分の人生に起きて、それに対して自分が心地よくないと感じている場合でも、心地よくないと感じている経験自体は、その人やその出来事に対する自分の反応なのです。ですから、それは自分の反応であると、自分のものとして所有するか受け入れる必要があります。または自分の責任として受け入れる必要があります。

そうすると、自分の内側に隠れた批判や怒りがあることに気づくかもしれません。自分自身の過去の人間関係の誰かと、今、目の前に現れた人をどこかで比較している場合もあるかもしれません。過去のそのような人々のことを、今、目の前にいる人が思い出させているのかもしれません。あるいは、その日、自分はあまり機嫌がよくないだけだったのかもしれません。

でも、覚えておいてください。あなたの役割は、どのような状況においても、誰と接するうえでも、その時点で自分ができ得る限り、無条件の愛を実践することなのです。中には、無条件に愛することがたやすくできない相手もいるでしょう。

銀色　そうそうそう（笑）。

ECT　そこにこそ人生のチャレンジが訪れるのです。
もちろん、先ほど言ってくださったように、場合によってはその相手と物理的に距離を置く必要がある場合もあります。無条件の愛を実践したくても、その人が近くにいて、振る舞いがあまりにもひどいので、その振る舞いに対応しながら無条件に愛するということが難しい場合は、時には地球半周分、つまり、この惑星の反対側にその人がいるくらいまで距離を置く必要があることもあります。
無条件の愛を実践するということは、自分の人生において、自分が虐待されるような状況を認めたり、許可し続けたりするということではないのです。自分とかかわりのある誰かが、どうしても自分に対して虐待に分類されるようなことをしようとする場合には、無条件の愛を実践するために、その人との関係において物理的に距離を置く必要があるでしょう。ご自分自身の人生ですから。

銀色　無理に嫌なことを、勉強のために、嫌いなことをする必要はないんですよね。つまり無理無理には。不自然なほど、勉強だからしなきゃいけないということはないんでしょう？

ECT　その通りです。たとえば壁に頭を打ち付けると、何回くらい頭を打ち付けたとき、壁に頭を打つと痛いのだということがわかるでしょう。

銀色　一回。

ECT　そうです。それだけでいいんです。それでは、幼い子が熱い何かに触れたとき、それに触れると熱いんだとその子がわかるまで、何回それを繰り返せばいいでしょう。

銀色　一回。

ECT　そうです。ただ一度でいいんです。それでは、誰かが自分に虐待的な行為をしてきたとき、自分はこれを我慢し続ける必要はないのだと自覚するまで、何回くらいその虐待的な行為を受ける必要があるでしょう。

銀色　一回です。

ECT　あなたにとってはそうです。ですが、今、ここで話していることを読んでいらっしゃる方の中には、つらいけれどもそれに耐え続けることを選んでいらっしゃる方もおられます。なぜなら、自分自身にパワーがない、そしてほかに選択肢がない、自分自身がとてもちっぽけだ、価値がないと感じているので、そのほかにどうしていいかわからず、結果的にその状態に自分の身を置き続けるんです。

幸運なことに、あなたの国でも、または世界的にも、ある人がひどい虐待を受けている場合、その人が自分自身のもともとのパワーを、そして価値を取り戻すことができるような構造が社会的に構築され始めています。

銀色 銀色さん、あなたという方は、個人が携えている責任を声として発する方でいらっしゃるのです。そしてあなたの読者の皆さんは、あなたがそういう方であることを知っています。そしてあなたから、個人としての責任とはどのようなものなのかということを彼らは学んでいます。あなたは誰かと少し会話をされる場合でも、自分の詩や芸術作品を提供する場合でも、それによって人は強い怒りや絶望のまま生き続けることはないのだということを、それに触れる人に伝えていらっしゃるんです。

ですから、あなたは素晴らしい奉仕を、素晴らしいサービスを提供していらっしゃいます。このことは、何もあなたのエゴを心地よくさせようとする目的で言ったわけではありません。私にとってそれが真実だと感じるので、そのようにお伝えしたのです。

次の質問、いいですか(テレている)。

ECT　はい、どうぞ。

銀色　最初の日にお金のことが出たので、それに関連して私が思ったことですが、お金が欲しいと思っている人とか、お金がないと思っている人がたくさんいるんですけど、その人たちの解決策というか、私が考えるのは、ひとつはお金がなくてもいいっていうふうに気持ちが変われば、それはひとつ、解決になりますよね。もうひとつは、お金をつくり出す生き方のテクニックっていうか、引き寄せの法則でもそうですし、たとえば自分がやっていることを楽しくやることによって、どんどんどんどんうまくいくっていう、行動することによってお金が入ってくるっていう実際的な方法もありますね。この二つがあると思うんですけど、それに対する答えというか、みんなに言ってあげられることをお願いします。

ECT　私もまさに同じ意見です。私の現実の経験の性質について、まずお伝えします。私自身は銀行に口座を持っているわけではありません。ですから、実際に円を消費したり、ドルを消費したりという経験をするわけではありません。ですが、皆さんの社会や文化が、このお金と呼ばれる概念にどのようにかかわりを持っているかについては、注意深く見守ってきています。

簡単に言うと、お金は人々が崇拝する偽りの神のようなものとなっています。人類の皆さんは、本来よりもお金というものをずっとパワフルなものにしています。これは、この惑星に存在する宗教の中で最もパワフルなものです。お金を崇拝するということが、常にさまざまなかたちで起きています。

それでは、どうすればいいのでしょう。これも皆さんの進化の過程の一部なのです。この世界で生きている多くの方が、今、お金を崇拝するということは愚かなことではないかと感じ始めています。自分の口座にあるお金を束ねてみて、2センチくらいの厚さになるのか、3センチになるのか、本当にその違いは大きな問題だろうか、それほど大切なのだろうかと。

大切なのは、自分自身がどのように生きたいのかをまず正直に認めて、自分の手元にあるお金を使うことによって、そのような生き方をし始めることなのです。クレジットなどを使って、明日やってくるはずのお金や来年やってくるはずのお金を今、消費して、そのような生き方をするのではなく。そして、神としてのお金ではなく、道具としてのお金を有効に使う方法を学び始めることも大切です。実際にどこかから始める必要があります。

そうするうえで、先ほど銀色さんが言ってくださった最初の対応の方法は、とても有効なものです。つまり、現状をまず認めるわけです。自分の手元には今、これだけのお金がある。そして、これだけのお金によって私ができることはこれだけのことであるということを認め、そこから始めるということです。自分は十分なお金を持っていないと怖れたり、お金を使いすぎるのではないかと怖れたりしながら生き続けることには、もう私は疲れたと。

しかし、お金とのかかわりにおいて、今、自分の手元にあるお金で生きていくことが身につくまで時間がかかる人もいらっしゃるでしょう。今までクレジットを使いながら生きることに慣れてきた人々などです。今日、自分の手元にあるもので生きていくためには、靴が一足欲しいと思っても、手元にあるお金によって買うことができないのであれば、それを買うことは控える、または使えそうなクレジットカードがあれば、これは現実的になのですが、はさみでそのクレジットカードを切るようにするなどの対応方法も必要な場合があります。

別の言い方をすると、このお金という道具を自分がどのように使うのかに関して、自分が自分の責任を担う、受け入れることです。いったん自分の現在の状態を受け入れることができたならば、そのときには自分が何をしたいのかということに、より意識を向けることが容易になります。もしかすると自分が好きなことをして、そこから収入を得ることができるかもしれないと考え始めたり、もし銀色さんにそういうことができるのならば、もしかすると自分にもできるかもしれないと考え始めたり。

でも、今そのことを考えていらっしゃる読者の皆さん、ここで自分と銀色さんとを比べるのはやめてくださいね。比べるということは適切ではないけれども、彼女の姿、彼女の生き方をひとつの例として、自分にとって可能なことのひとつの鏡としてお使いになるなら結構です。

進化を背景にお話しさせていただくと、お金というものは皆さんの世界において恐竜のようなものなのです。つまり絶滅しつつあるものなのです。しかし、まだしばらくそれが絶滅するということは起きません。これからも人類の皆さんはお金を神として崇拝したり、それがまるで神であるかのように振る舞い続けるでしょう。

しかし、徐々に一人ひとり、個人レベルで目覚めが起き、お金というものは道具なのだ、さらに自分がお金をどのように使うかは自分で選択することができるんだ、と気づく人が出てきます。

リチャードのマインドから情報を引き出してお話しします。リチャードは自転車で隅田川の周辺を走ることがあるんです。そのように自転車に乗っていると、堤防沿いやハイウエー沿いにホームレスの人々を見かけます。

彼はそのことに心を乱されると感じることがあります。そこで見かけるホームレスの人々の中には、以前は会社組織の幹部として働いていた人も存在します。その人の人生に何らかのかたちで崩壊が起きて、リチャードやチャンパックや銀色さんが好むような生活の場所を確保することができなくなったんです。

ここで、あることを知っていただく必要があります。その人たちの中には、以前よりも現在の自分のほうが幸せだと感じている人がいるということです。彼らは過去においては、いわばネズミレースのネズミであり、そこでお金を崇拝するゲームの一部として生きていたけれども、今はそうではないのですから。自分はシンプルに生きたいのだと。もちろん、私がここでお話ししているのは、今ホームレスとして生活している方々のすべてが、今私がお話ししたように幸せを感じていらっしゃるということではありません。しかし、その経験をしたことがない人が想像するほど、そのような生活をしている人々が幸せや充足感を感じるのがまれだというわけではないのです。

何も、あなたご自身や読者の皆さんが、自分が進化するために、一定期間そのような経験をするためにハイウエーの下でホームレスとして生きる必要があると言っているわけではないのです。ここで私がお話ししているのは、現在の自分の人生において自分が担っている責任を受け入れ、そしてお金とのかかわりを現実的にすることなのです。

銀色 思いついたことがあったんですけど。しゃべる機会があったらしゃべりたいことを思いつきました。

ECT 今、話していただいて結構です。

銀色　いいですか？　さっき、今のお金のことを話していて、昨日話したこともそうですけど、嫌な状況にいたときの自分の対処の仕方とか、結局、全部同じだということに気づいたんです。それは昨日、いろいろな話をしたじゃないですか。でもどれも、結局それをまず受容するっていうことですよね。まず受け入れるということ。でも、受け入れても、受け入れたくないって自分が思ったり気づいたりしたら、今度はそれを行動で変えていこうって思う時がくる。

ECT　自分がその状況を受け入れたくないと感じている場合、その受け入れたくないと感じている自分の状態も受け入れてあげるんです。それも受容の一部なのです。

銀色　でも、変えたいと思ったら、そこから変えていけるっていうことですよね。

ECT　その通りです。

銀色　そしてタイミング、その境目があるわけです。これでいいやって思う、嫌だって思う、変えたいと思う瞬間。すべてにこの三つの状態があるんだなと思いました。

ECT　私も同じ意見です。

銀色　全部その三つの状態のものが、物事の数だけ存在するという感じがしました。で、私は変えようとするタイミング、人が変わろうと決意する瞬間が好きなんです。

ECT　個人的に進化の過程を経るということは、多くの人が複雑に考えていらっしゃる場合がありますが、実際にはいろいろな意味でよりシンプルなものなのです。もちろん、有効に人生を生きるということに関して、誰にもどの状況にも対応できるフリーサイズのものがあるというわけではありません。
しかしながら、個人的な平穏を経験していくうえで、今、銀色さんが言ってくださった三つのステージは、そのための、いわばエンジンをかけるパーフェクトな過程であると私は思います。

銀色　じゃあ、次の質問、いいですか。

ECT　お金に関してはこれでよろしいでしょうか。

銀色　私はいいんですけど、ありますか。

ECT　もう少し言葉を付け加えてよろしいでしょうか。

銀色　はい、お願いします。

ECT　これは銀色さん自身に対してというよりは、これを読んでくださっている読者の皆さんに対してです。自分が働いている会社がまるで自分の面倒を見てくれている父親であるかのように、考え続けることを手放してください。

過去にはそうであったかもしれないけれども、政府というものが自分に安全や安定を提供してくれると考え続けることについても、同じことをお伝えしたいのです。

自分自身の健康、あるいは幸福、または豊かさなどに関して、自分個人が責任を担おうとする姿勢で生きてください。そうして自分の周囲の環境、人々、地域社会などとのかかわりを持ちながら、そこで分かち合いというものが真にどういうものなのかということを経験してください。

もうひとつ、最後にお伝えしたいことがあります。お金に関してなのですが、怖れを手放してください。明日のお金に関して、心配することをやめることです。今日、必要なことに対応してください。よろしいでしょうか。

銀色　はい。

ECT　それでは、ほかにいかがでしょうか。

銀色　私は楽しく生きていきたいと思うんです。私も楽しく生きたいし、人も楽しく生きてほしいんですけど、楽しく生きるアドバイスってあるんですか（笑）。

ECT　今、すでにそうしていらっしゃいます。

銀色　私はね。

ECT　今、銀色さんはリアルであり、リアリスティックに生きていらっしゃると言えます。つまり、本当の自分としてそこに存在していて、なおかつ現実的に生きていらっしゃるという、この二つのことをなさっているんです。適度に地に足が着いて、現実的に生きていらっしゃいます。

同時に、この物質的な世界においては、常に喜びを感じ続けることは不可能であることを知りながら、それが可能なときにはさまざまなかたちで喜び、楽しみを自分の人生の中にもたらしたり、招いたりして生きていらっしゃいます。ですから、すでにそのように生きていらっしゃいます。

そして、銀色さんに触れるさまざまな人がリアルに存在していて、現実的、実践的に生きていらっしゃる銀色さんの在り方、生き方をひとつの例として、自分の人生にもそのような生き方を取り入れることができます。

あなたは静かにインスピレーションを与える存在です。あなたは、たとえば街の通りに出て箱の上に乗って、ほかの人々に〝人生とはこうあるべきです〟と主張するような方ではありません。あなたという方は、ただただ深く親密に自分の人生を分かち合い、そして、それに接する人々がどのようなかたちであれ、彼らの責任と自由において、それを取り入れることができるようになさっている方です。
あなたは彼らを正そうとしているわけではありません。あなたは、あなたの作品なり、あなたご自身に触れる方々が自分自身と向き合って、「私にはいい人生を生きる価値がある」と言うことができるような、オープンで心地よく現実的な環境を提供していらっしゃるのです。よろしいでしょうか。

銀色　はい。

ECT　そして、あなたご自身が年月を経て、異なった年齢に達していかれるにつれて、ほかの人々に伝える内容も伝え方も変化し続けていくことでしょう。

銀色　これから先も楽しいことが、あるんでしょうか？（笑）

ECT　何ということを私にお尋ねになるんでしょう！　それを私に尋ねなければならないで

しょうか（笑）。それでは、私から逆に質問をさせてください。ご自分自身は、喜びのある楽しい人生経験を自分のこれからの人生に招き入れることを選ばれるでしょうか。そうされるでしょうか。

銀色 すごくそうしたいんですけど。

ECT すでにそうしていらっしゃいます。

銀色 でも、コースターみたいな気持ちになりますけどね。

ECT もちろんです。もちろんです。

銀色 これはずっと変わらないんですよね……。

ECT もちろん、この世界は二つの極からできていますから、当然、人生経験においてもハイなとき、その逆のローなときがあります。でも人生経験というものは、その性質上、ローラーコースターのようなものであるということを受け入れることができたときには、逆にアップダウンはなくなるわけではないのですが、より高低の差が少なくなる、よりスムーズになると言えます。

今お話ししたのは、ご自分の人生のローラーコースターがよりスムーズなものであることを望む方の場合、そうなるということなのです。意識的に好きなのかどうかは別として、極端なハイ、極端なローを好む、あるいはそれらの経験に浸る傾向の人もいらっしゃいます。銀色さんは、ローラーコースターはお好きですか？

銀色 そんなに好きじゃないです。

ECT それでは、どんな映画がお好きでしょうか。ホラームービーだとか。

銀色 心理サスペンスみたいなもの。

ECT では、たくさんの血が出てくるような映画はどうでしょう？

銀色 それは嫌いなんです。

ECT 今、私がさせていただいたいくつかの質問に対する答えに、銀色さんご自身が自分の人生のローラーコースターのスタイルに関して、どのようなものをお好みなのかが現れているんです。

銀色 心理サスペンスか！

ECT あなたという方は、スリルのある経験をお好みなのです。

銀色 そうなんですね。……ハッピーエンドのラブロマンスにしたいです（笑）。

ECT それはいいと思います。そして人々は、ここで会話しているのと同じような過程を経ながら、自分自身をより深く理解できるようになるんです。自分自身はどのように恋愛をしたいのか、仕事に関しては何が好みなのか、自分にとって有効なやり方は何なのか、有効ではないものは何なのかといった、シンプルで現実的な問いかけを繰り返すことによって発見していくことができるのです。それは、自分が好きなのは何なのかを知ること、そして自分が好まないのは何なのかを知ることでもあります。

銀色 私もそう思います（笑）。

ECT　ほかにいかがでしょう。

銀色　全然違う視点なんですが、エクトンさんは何なんですか。そして友達はいますか（笑）。

ECT　人々がエクトンとして経験するものについて、人々が理解できる範囲で話させていただこうと思います。

私は自分自身のことを、肉体を持たないパーソナリティー（non physical personality）と呼んでいます。そして物質的な次元の、いわば外に存在するエネルギーの形態でもあります。皆さんはこの物質的な世界に生きていますが、私はこの物質的な世界には存在していません。皆さんから招かれたり、私が皆さんのことを愛しているといったことから、折々この世界を訪れる意識ということもできます。

私はこの物質的な世界に存在しているわけではないため、私自身のソウルの資質に、常に意識的に気づいた状態を保っています。それに対して、今回お話ししたように、人間として生きる皆さんはソウルとしての資質を忘れます。または、自分の人生のさまざまなドラマに没頭して、その資質を自覚しないということが起きるのです。

でも本当は、あなたのような存在と私のような存在は、とても似ているのです。ただ、私のような存在と物質的な世界に人間として生きている皆さんの違いがあるとすれば、物質的な世界で過ごす時間の長さや、その世界をどれくらいの密度で経験するかということだと言えるでしょう。
人間として生きている皆さんが眠りについて夢を見ているとき、または死を経験した後には、皆さんと私の間に違いはありません。そして一時的ではありますが、私がこのように肉体とかかわりを持つとき、私たちは同じ状態であると言うことができます。
私もここでは同じように物質的な世界を経験しています。これは私の体ではありません。それに対して、その体は（銀色さんを指して）ご自分自身の体です。

銀色
それでは友達がいるかに関してなのですが、私には敵は存在しません。この言葉から、どのようなことが想像できるでしょうか。
不思議なんですけど……、人間以外の存在するものはたくさんあるでしょう。その人って同じところにいるの？

ECT
今おっしゃったのは、私たちがよく言うところの多次元の宇宙です。限りのない世界、限りのない次元がそこには存在します。そして意識のレベル、タイプ、形態においても、限りなくさまざまなものが存在します。
無限の多次元の宇宙の中で、あなたご自身が自分の肉眼や五感を通して知覚できるのは、それらのごく一部なのです。私たちが今、ここでこのように話をしている瞬間にも、数えられないほどの無数の多次元の宇宙が、この世界と重なり合って存在しているのです。

先ほどの「私には敵は存在しません」という答えの意味なのですが、私はいかなるかたちであれ、ある存在やエネルギーと出会うとき、交流するとき、かかわるときには、私にとっては彼らは友達であると感じています。彼らが私のことを友達と感じるかどうかは別として、です。友としての関係や友情とは、お互いのエネルギー、存在の状態を尊重し合うようなかかわりを言うのではないでしょうか。相手が何を選ぶかにはかかわらず、私はそのようにします。

銀色 エクトンさんって感情がすごく安定しているって聞いたんですけど、幸福とかを感じたりはするんですか？

ECT 私は悲しいという感覚を経験したことはありません。人間である皆さんが経験されるような意味合いにおいてですが。それはなぜかというと、人間として生きている皆さんが経験される悲しみのほとんどは、人間として生きているからこそ起きるさまざまな出来事に基づいて感じられるものだからです。

今、私はこのように人間の皆さんと交流していますが、このようなとき以外は、私は通常、人間としてこの世界を経験するということはありません。

とはいうものの、私が悲しみを感じることができないというわけではありません。ただ、必要がないのです。それと同時に、私はフルタイムで自分の肉体を持ってこの世界を経験するということはできません。ですから、常にそれぞれの経験には、それによって得られるものと得られないものが存在します。

銀色 すべてのものの共通言語、共通なものって愛ですか？　愛は全部共通？　宇宙とか人間とか地球とか、すべての存在に共通なものは愛なんですか。愛と呼ばれるもの？

ECT 愛はこの宇宙をつなぎ止めている、糊のような役割を果たすものです。多次元の宇宙に存在するあらゆる生命の核として、愛は存在します。しかし、この愛は無限のかたちで表現されます。

ですから、あなたにとって愛に見えるものが、あなた以外の誰かにとっては愛とは見えないかもしれません。この宇宙に存在するさまざまな生命について考えるとき、愛とはどのようなものかということに対する考えを柔軟に開いておかれることをお勧めします。そして、私は以前にお話ししたことと同じことをここでもう一度お伝えします。それは、愛がこの世界を救うということです。

銀色 はじめにおっしゃいましたね。

ECT　一方で、一人ひとりが愛を選ぶか選ばないかに関しては、一人ひとりの責任なのです。この世界には愛を拒む人が存在します。

銀色　拒絶できるものなの？　そういうものなんですか？

ECT　できます。もちろん短い期間ですが。この惑星で現在起きているさまざまな状況を見てみてください。そこには憎しみ、そしてそこから起こされるさまざまな行動が見受けられます。しかし徐々に、常に愛は勝ります。暴力に戦争、そして貪欲さに愛はいずれ勝ります。

銀色　愛の密度ってどこも一緒なんですか？　地球も宇宙も。

ECT　もしもあることについて想像できるならば、それは存在するから想像できるのです。愛がいかに多様なかたちで表現されるのかを定義することができない、とお伝えしておきましょう。

銀色　じゃあ、すべてのものを同じように生み出している感じ？

ＥＣＴ　愛は宇宙をつなぐ糊のような存在です。いずれ皆さんの科学も、宇宙がどのように織り成されているのかということについて、より理解を深めていくでしょう。今は未知なるエネルギーですが、いずれ皆さんの科学が発見するものは、ここでお話ししている愛ととても近い性質のものです。

もし人が自分の人生の中で最も大切な目的を、愛を経験すること、愛を分かち合うこと、愛を受け取ることとしたときには、例外なくその人は素晴らしい人生を生きることになります。

あなたが今まで見守ってこられたように、そのように生きることは必ずしも常にたやすいわけではありません。とりわけ、愚かな人々や状況にさまざまなかたちで対応しながら生きなければならないときはそうです。ではあるのですが、自分自身の愛という資質をホームベースになるようにしてあげてください。常に常にそこに立ち返るようにするんです。よろしいでしょうか。

銀色　はい。それと似ていることで、信じるっていうことがすごく大事じゃないですか。

ＥＣＴ　はい。

銀色　信じることでいろいろなことが可能になると思うんですけれども、心の底から信じないと、それは信じたことにはやっぱりならないですよね。でも、本当に信じることはすごく難しいから、こんなになっているのかなと思うんです。

ECT　これから話すことによって、私はこの惑星にいらっしゃる誰かの気分を害することはしたくないのですが、信じること（belief）と信仰（faith）は、この世界においては過大評価されています。信じることと信仰は、進化の過程で〝知ること〟（knowing）に置き換えられていくでしょう。何かを信じるときには、同時に、自分がそれを知るには至っていないということを認めています。そのことを信じているだけですから。

銀色　「信じる」って、感情が入りますからね。

ECT　その通りなんです。この惑星上に存在するさまざまな哲学や宗教について考えてみてください。そこにはさまざまな観念があります。その観念にはさまざまな感情が付随しています。
そして知るということを考えたとき、いったいそれはどのようなことでしょうか。多くの場合、一般的にですが、人が何かを信じるとき、あるいは信仰するとき、まだその人の存在の奥深くで、そのことを真実だと知っている状態には至っていないのです。
ですから、信じること、信仰することだけで生きている人は、ほかの人々に対しても自分が信じているものと同じものを信じることを強いる傾向があります。なぜなら、同じように考える人をまわりに持ちたいからです。

だからといって、先ほど私がお話ししたように、この世界に存在するさまざまな宗教や哲学を否定しているわけではありません。ここで私がお伝えしようとしているのは、信じることと信仰することは、深くそれが真実であると知る状態とは違う状態である、ということなのです。

銀色 わかりました。

ECT 何かを信じるからといって、必ずしも自分の信じていることが真実であるとは限りません。たとえば、もし私が信じようとするならば、今、私が使っているリチャードの体は人間の体ではなくサルの体であると信じることはできます。でも、実際はそうではありません。

銀色 信じるっていうことは、それと本当に違いますよね。それじゃないということですものね。信じる者は救われるっていいますけど、その信じるっていうのは、信じるっていうよりも知るっていうことですか？

ECT　理想的にはそうだと言えます。知るという状態が理想なのですが、表現として信じる、信仰するという言葉が使われ続けています。真に知る状態においては、そのことを主張したり、それによって他を説得しようとする必要はありません。

「私と同じように信じなさい、ならばあなたは救われます」という表現によって、さまざまなかたちでこの世界に宗教や哲学の信念体系が広がってきました。しかしながら、その表現は真に知るということについて言ってはいません。真に自分自身の真実を知るということが、個人にとって大切なのです。

もし信じることと知ること、二つのどちらかを選ぶ必要があるのであれば、私ならば知ることを選びます。信じることよりも知ることのほうがずっとパワフルです。しかし時に、信じるという状態から始める場合があります。信じることは最初の過程としてはいいのですが、信じている状態が永遠に続くものではありません。それは過程の一部です。これでよろしいでしょうか。

銀色　はい、わかりました。

ECT　本当によろしいでしょうか。

銀色　だいたい（笑）。つまり、信じるっていうふうに、感情が入っている感じの信じるって、そのものではないということですよね。本当に知っているわけではないと。ニュアンスはわかります。

じゃあ、今思いついた最後の質問なんですけど、私がいつも不思議に思うというか時々思うのは、ものすごくたくさんのものが世の中（地球上）にはあるなと思うんです。小さいものとか大きいもの、人がつくったいっぱいのものが。面白いと思うんです、いっぱいあって。私は面白いと思うんですけど、エクトンさんからはどういうふうに見えますか。

ECT　私はあなたのこの世界を、常に常に素晴らしい戯れの場所であると見てきています。この銀河系の一角に存在する物質的な世界の中で、この世界は最も素晴らしい世界のひとつであると私は思います。

銀色　なぜですか。

ECT　続けます。人類の皆さんがこの世界に生きていて、深刻さをもう少し減らすことができたならば、この世界というものを戯れるための場所であると、そして、そこにより喜びや楽しみがあると見ることが可能になるでしょう。

銀色　私も本当にそう思います。

ECT　遠くから見ると、この惑星は宇宙に漂う小さな青い点です。そうして、この多次元の宇宙には、地球と同じように数えきれないほどの青い点が存在し、その青い点には数え切れないほどのさまざまな生命がはぐくまれ、存在しています。

ですが、この世界はスペシャルなのです。なぜかというと、あなたの世界だからです。人類の世界だからです。そして、この世界にどのようにもかかわることができます。私が人類である皆さんに望むのは、この世界、この惑星を尊厳と尊重を持って見ることです。

銀色　最後のところがよく……。

ECT　もう一回、繰り返します。私のような存在が望むのは、この惑星のオーナーである皆さんが、あなたが所有する、またはあなたのふるさとであるこの世界を尊厳と尊重を持って扱うことです。

銀色　それはわかったんですけど、あなたの世界だからここはスペシャルだというのは、それはどういう意味なんですか。ほかのものと比べて？

ECT　比較からお話ししたわけではありません。生命が存在する惑星はここだけではありません。なぜスペシャルなのかというと、これがあなたの世界だからです。

銀色　私が今、ここに生きているからですね！

ECT　まさにそのことをお伝えしたかったんです。

銀色　そうですね。私が、またはそれぞれがですよね。

ECT　はい。これが自分たちのふるさとなのだから、うまく面倒を見てあげてくださいということなのです。大事なことですから。

銀色　……楽しく生きましょう（笑）。

ECT　非常にいいプランです。そして、できるだけ軽やかに生きてください。喜びがあって楽しくて、そして面白さを加えてはいかがでしょうか。コメディー映画はお好きですか？　見ながら笑ってしまうような映画ですが。

銀色　好きですよ。ちょっと皮肉な感じのコメディー映画が（笑）。

ECT　どちらにしても笑いは笑いですから。そして、笑いは癒やしです。読者の皆さんも、そして銀色さんご自身も、人生を生きていく中で折々、深刻に考えすぎるときがあるようですが、そんなときこそもう少し自分を軽やかな状態にしてあげてください。そうすることによって、この世界に存在するさまざまな驚き、喜び、楽しさ、そして面白さを感じていただきたいのです。

銀色　はい。

ECT　そして、人生というものは必ずしも分析的に割り出すことができる性質のものではありません。それは、ただ経験することができるものです。ですから、どうか経験することを楽しんでください。そしてライドを楽しんでください。人生の過程を楽しんでください。

銀色　はい、楽しみます。

ECT　ほかにいかがでしょうか。

銀色　いいえ。ありがとうございます。

ECT　このように交流することができて、私にとって本当に深い喜びでした。なぜなら、私も学ぶことができましたから。あなたご自身のことに関して、そして、あなたを愛していらっしゃる人々についても学ぶことができました。あなたはとてもとても豊かな方です。

銀色　私もすごく楽しかったです。

ECT　それはよかったです。そして、今、部屋にいてくださっているほかの皆さん、どうもありがとうございました。これで私はリチャードの体を旅立つことにします。それでは皆さんに向けて、愛と共にごきげんよう。さようなら。

銀色　ありがとうございました。

セッションを終えて

Comment by Giniro Natsuo

「どのような経験に対しても、私は価値判断を持ち込むことはしません」とエクトンは言いました。私もそう心がけたいと思っています。つい忘れてしまいますが。どんなに心地悪い出来事も、進化の過程なのですね。そして、そういう感じを抱いた時は「より深く自分の内側に入っていき、自分の中に同じようなものがあるかどうか確認してみてください」と言っていましたが、結局、すべての解決策はそれなのかなと思いました。あることをよく感じたり悪く感じたりするということは、つまりこの世の中のいいことや悪いことはすべて、それをそう感じると自分が決めているということなので、自分の中に、判断する大もとの何かがあるということですね。何かをいいと思う、あるいは悪いと思う、その理由を問いただして解放していく過程そのものが、自分を知り、目覚めていく進化の過程なのですね。

今回は、初めてで慣れていなくて緊張もしていたので、わりと一般的なことを聞かなくてはと思って聞きましたが、もし次の機会があるとしたら、私個人の趣味全開のことを聞きたいなと思います。そしたら人間社会のドラマはあまり聞かず、たとえば……「もし私とエクトンが今、入れ替わったとしたら、私が一番違和感を覚える（驚く）ことは何だと思いますか?」とか。エクトンという存在自体を追求していく質問攻めとか。人間にここまで話しちゃいけないってことも、それとなく聞き出すとか（無理だとは思いますが）。想像しただけでもワクワクします（笑）。

生きることは…

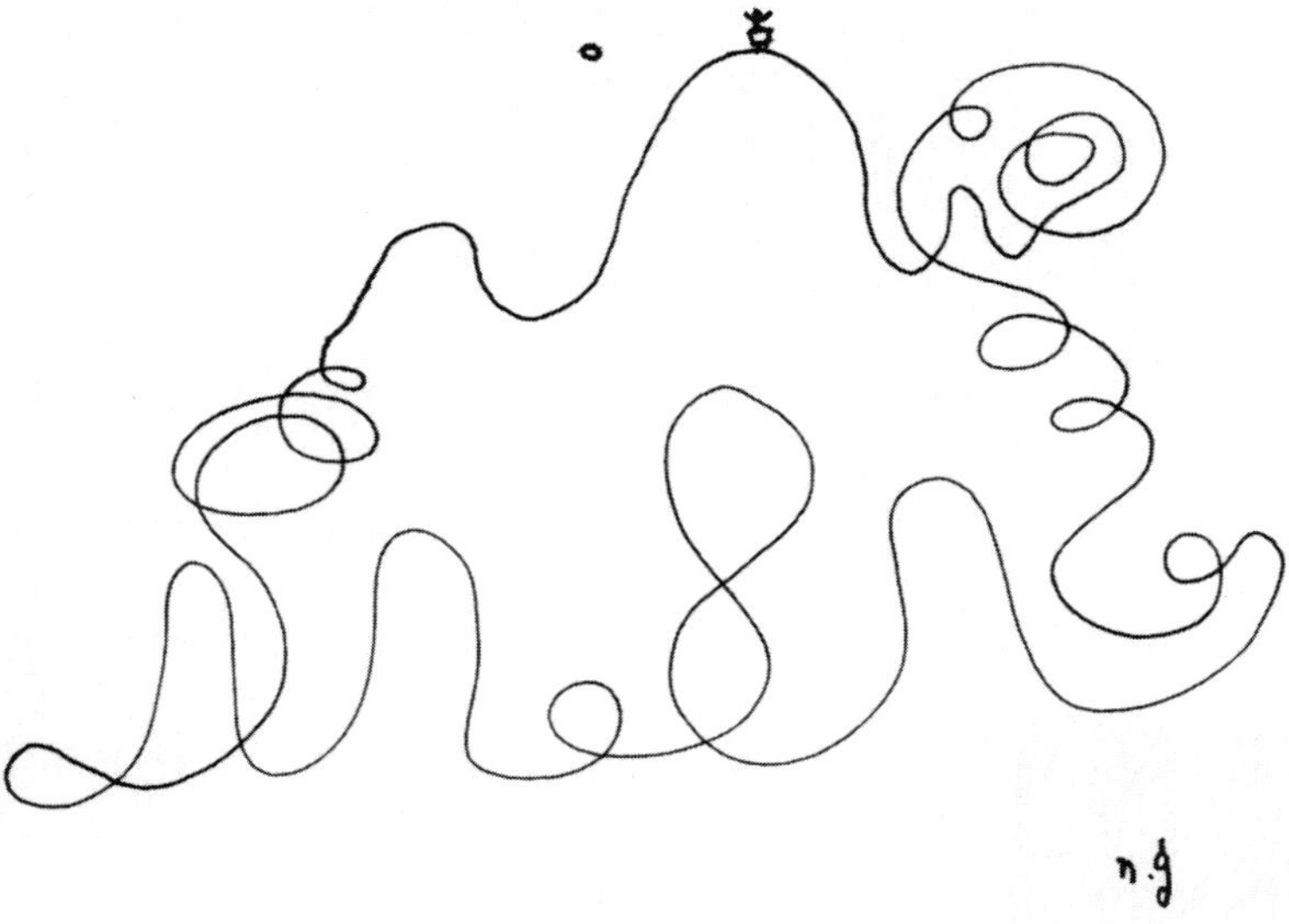

すべてのセッションを終えて　～銀色夏生×リチャード・ラビン

銀色　なんかリチャードさんって、すごいシャイな方ですよね。

リチャード　本当にそうです。実はとってもシャイな人なんです。チャネリングを始めて三十年経つんですけど、今でも自分がグループの方々の前で話しているということに自分で驚いています。皆さんの前に出たときは上がりは経験しないんですけど、それが終わったときとか普通にしているときは、とてもとてもシャイなほうです。
来日し始めた頃、チャネリングが日本でとてもポピュラーなときがあって、私もそのときポピュラーだったんです、一九九〇年代の初めくらい。来日して街を歩いていたら何人かの人が私のことに気づいて、声をかけてくることがあったんですけど、シャイな私にとってはちょっとショックでした。
銀色さんはいかがですか。

銀色　私はあまり外に出ていなかったんです。なので、めったに。よっぽど深く読み込んでいる人じゃないと。

リチャード　本でいろいろな写真が出ていると思うんですけど、それでも気づかれることは少なかったですか？

銀色　そうですね。

リチャード　私の場合は、結構、日本にいると目立つんです。皆さん髪が黒いのに、自分だけ違った髪の色をしていますから。最近はほとんどそういうことはなくなりました。だいたい一年に一回か二回くらい、そのあたりの通りを歩いていると、誰かが私のことに気づくことはあるんですけど。今でもちょっと変な感じです。

銀色　セッションについてですが、やっぱり言っている内容って、ちょっとずつ変わるんですか？　同じセッションでも。それとも基本的に一緒なんですか？

リチャード　エクトンは、いつもそれを受け取ってくれる相手にチューニングするんですけれども、そのチューニングする相手が、その瞬間そこにいる人たちだけじゃなくて、私たちから見れば未来にそれに接する人も含めて、すべての人々にチューニングしながら話すみたいです。

銀色　面白いですね。

リチャード　よくグループセッションのときに、皆さんにこんなことがあったんですと話すんですけれど、ずっと前アメリカにいた頃、ある女性に個人セッションをしたんです。セッションの後、私はトランス状態から戻ってきて、「今のセッションはどうでした？」と聞きました。そうしたら、その女性は「別に」という感じの反応だったんです。ほかの人の役に立つという実感を得られればいいなと思っていたので、そういう反応を見てがっかりしました。

そのときに私は、「今後、思いついたときに何回かテープを聴き直してみてください」とその女性に言ったんです。そうしたら、そのセッションが終わってから二年ほど経った頃に、その女性が電話してきたんです。つい最近、あのときのセッションのテープを聞いたよと。そこで彼女は電話越しに、「今になってあのセッションでエクトンが言っていたことが、全部、今の自分にはわかる。セッションをしてくれたあなたに、私がこういう経験をしているということを知らせたかったので電話した」と言ったんです。

エクトンはマルチ・レベル・コミュニケーター、つまり複数のレベルで同時にコミュニケーションする存在であるだけではなく、彼は時間という枠の中にもいないので、異なった時間に役に立つであろうことも、前もってそのことをどこかで知りながら、将来聞いてわかることとして情報を含めることがあるようなんです。それが個人セッションであっても、今回の本のような媒体であっても同じことだと思うんです。

銀色 リチャードさんが知らないあいだというか寝ているあいだにというか、すごいショーが繰り広げられているわけじゃないですか。終わったら、みんなが感激したり泣いたりしているでしょう。それって、どんな気持ちなんですか?

リチャード とてもいい質問だと思います。このことに関して、そういうふうに質問してくださった方は今までいなかったかもしれません。

銀色 私のイメージだと、劇場でみんながワーッて素晴らしいショーを見ていて、それを扉の外で警備員の人が、ほんの時たま、ワーッてみんなが笑ったり何かしているのがうっすら聞こえる、警備員。でも、絶対中を見られないんですよね、警備員だから。そんなイメージがあるんですよね。

リチャード ものすごくいいたとえだと思います。それと同じように、チャネリングをしているとき、私はそこに参加してくださる人々と同じようなかたちで参加できる立場にはありませんから。それは私の仕事、役割ではないと思っています。
チャネリングに関して思う私の役割は、エクトンが皆さんとコミュニケーションしやすいように、適度に健康な、いい状態の体を提供すること。そして、もしチャネリングの最中に何らかの緊急事態が起きたならば、このことに関しては警備の人と同じ役割だと思うので、自分がトランス状態から出てきて、必要な対応をすることができるようにしておくことだと思っています。

そして、劇場の警備の方も、劇場内で自分のお気に入りの歌が歌われているとき、劇場の外で警備の仕事はしているけれども、少しそれに耳を傾けることはあると思うんです。それと同じように、私はチャネリングをしていながらも、場合によってはエクトンが話すこと、そこで起きていることに自分の意識のチューニングをして、そのことに耳を傾けることはあるんです。

チャネリングの最中に語られたことを覚えている場合は、とりわけ自分にとって興味があったり新しかったり、自分に関連することがチャネリングの中で語られているときです。チャネリングから戻ってきた後、細かな内容に関して意識的には覚えていませんが、そのチャネリングの間で起きたことのフィーリングのトーンに関しては携えて戻ってきます。でも、その直前に語られたことのフィーリングのトーンはそれぞれ違いますから、チャネリングから戻ってきた後に感じる自分のフィーリングのトーンが心地よく感じられることもあるし、少し戸惑いを覚えることもあります。

夢から覚めたときに、内容は覚えていないけど、イメージが心に残っているときがありますが、ちょっとそれに似ているような感じですか？

リチャード　まさにそうなんです。ちょうどおっしゃる通りで、夢から覚めたとき、直前まで見ていた夢の内容は思い出せないんだけれども、夢の中の感覚はまだ残っているという状態です。

トランス状態から戻ってくる過程で、自分自身がチャネリング中に体験したフィーリングを携えて戻ってくるわけなんですが、トランス状態から通常の意識の状態に戻った後に、そのチャネリングに参加してくださった人々の表情や雰囲気を感じとって、とても楽しんでくださったとか、価値があるものだと感じてくださったとか、少し飽きた感じがするとか、そういう違いは感じとることができます。

銀色　エクトンが言ったことで、たくさんの人が感謝したり感激したり、いろいろ、とにかく多くの人の心を動かすでしょう。その人たちが、エクトンに対する感謝をリチャードさんに向けたりすることってあると思うんですが、それは自分ではないっていうことをリチャードさんは理解して律しているというか、理解して受け止めてずっと暮らしてきたと思うんですね。それはかなり客観性みたいなものが必要だと思うんですけど。

リチャード　自分自身がとても安定した状態にあるときは、そのようにすることができます。でも、私は人間として生きているために、さまざまな感情を経験しているときがあります。あまり状態がよくないときです。そういうときは、人々が私に対してチャネリングについて感謝してくれても、自分がそのような状態なので、それを受け取ることが難しい場合があります。

そして、とりわけ私がチャネリングを始めた最初の頃なんですけれども、特に次の点を意識する必要がある時期がありました。自分のチャネリングによって多くの人々が感謝してはくれるけれども、それは何も自分がやっているわけではないことや、自分がチャネリングを受け取る人々よりも上だとか、成長しているとか、素晴らしいと思い込んで、いわゆるエゴトリップと言われるような勘違いの行動に走らないように、自分の中で気をつける必要がある時期がありました。

ただ幸いなことに、私にとってはそのように気をつける必要がある時期は長くなかったんです。チャネリングを始めてしばらくすると、自分がするチャネリングと、それを受け取ってくれる人々は、対等な目線から交流していることがわかってきましたから。

でも、先ほどお話ししたように、自分の状態が安定していいときには、チャネリングを受けた人が自分のもとに来て感謝の気持ちを伝えてくれたとき、私はそれを十分に受け取ることができます。その日はさまざまな日々の中でも最良の一日だと感じることができます。そして、感謝されることに対して、私が感謝を感じます。

銀色　私も読者の方に対して思います。私のも似ています。

リチャード　もちろんそうだと思うんです。

銀色　私も自分の状態のいいときは、感激しますとか言われるとすごいうれしいし、その人たちがいとおしいと思うんですけど、ダウンしているときって逆に落ち込んだりするんですよね。

リチャード　そうですね。私もそうなんです。同じですね。理由はいろいろだと思うんですけれども、ほかの人々からの感謝の気持ちを素直に受け取ることができない場合は、余計、落ち込みが深くなったりします。

銀色　そうですよね。

リチャード　つまり、こんな感じなんです。その人はこんなにも感謝という素晴らしい贈り物を自分にくれようとしているのに、その素晴らしい贈り物を拒絶する自分はいったい何というモンスターなんだと思うんです。

銀色　わかります。

リチャード　中には、私のことをこんなふうに想像される方がいらっしゃるんです。エクトンという、とても愛の大きな、安定した存在をチャネリングする人なので、リチャード自身も愛が大きくて常に安定しているんじゃないかと。実はそんなことはなくて、私は人間ですから、やっぱりいいときもあれば、そうではないときもあるんです。

銀色　そうですよね（笑）。

リチャード　エクトンはよく〝人生へようこそ〟と言いますね。

銀色　じゃあ、こんなにエクトンと近くにいても、それは変わらないし、私が言われたのと同じような言葉を言われているわけですね。

リチャード　私がチャネリングをする人だからといっても、自分自身の個人としての成長、進化の過程は、それとは別に同時進行するものだと思っています。もちろん、エクトンという存在が自分にとっていろいろなかたちで役に立つと感じることもありますし、それとは逆に、エクトンをこの世界に紹介する役割を自分が担っていることに対して、その責任の重さが少し負担だと感じることもあります。

エクトンは、いいメッセージを携えていると思うんです。でも、そのエクトンのメッセージを公にほかの人々に提供することを考えると、そのこと自体は、自分にとってはどちらかというと仕事だと感じてきています。

銀色 私は、たぶんリチャードさんが生まれる前とかに、エクトンとこういうふうにチャネリングするということを、同意されてきたと思うんです。エクトンがリチャードさんを選んだというか、リチャードさんにこのことを頼んだのはなぜかと、自分の中で、どういう資質がエクトンに自分を選ばせたと思いますか？　シャイであること以外で。

リチャード でも、シャイであるということもエクトンが自分を選んだ、お互いを選んだ理由なのかもしれません。

銀色 もちろん私もそう思いますよ、ひとつは。

リチャード シャイであるという状態の対極を考えるとどうでしょう。私にとっては祭壇の上に祭り上げられる必要はないですし、人々がエクトンを崇拝することなどは望みませんし、金の縁の付いたローブを身にまとうことも必要でないと思うんです。ですから、エクトンと私がこのようにかかわるうえで、私がシャイだということは、その中でも大切な資質のひとつなのかもしれません。私はプリマドンナのように振る舞うこともあります。ヴォイスのスタッフの皆さんは、私がそう振る舞っている姿を見たことがあるかもしれませんが。

銀色 冗談でしょう？

リチャード 少しはそういう部分があるのではないかと思います。

銀色 少しくらいはいいですよね。

リチャード 少しくらいはいいと思います。そしてもうひとつ、エクトンにとって、私とかかわるうえでの大切な資質として、自立している人であるということがあったと思うんです。つまり頻繁に、これに関してエクトンはどう言うだろうか、これはエクトンに相談してみたい、どう人生を生きるべきかについてエクトンの意見はどうか、とエクトンに相談し続ける状態はふさわしくないと思うんです。
基本的に私は、エクトンの意見と自分個人の人生を生きることとは分けて考えています。ですから、頻繁にエクトンに相談を持ちかけるということは、実生活の中ではあまりしません。

自分のさまざまな選択に関して、サイキック・リーディングとか占いとか、そのような自分以外の人からの意見に依存しなければ選択できないと感じている人もいらっしゃると思うんです。でもそうではなくて、私が大事だと思うのは、私が提供する情報にしても、人々が自分自身で自立して自分のために有効な選択をできるお手伝いをすることだと思っています。

今、二つの資質のことに関して言ったのですが、たぶん私とエクトンとがお互いに引き合う背景にあったほかの資質もあるのでしょう。でも、今お話しした二つは大事な部分ではないかと思います。

ずっと以前には、自分自身が今このようにしてチャネリングを仕事としていることは想像できませんでした。コンピューターの分野で仕事をしようと考えていたことはあったのですが、今でも自分がこのようにしていることを不思議に感じます。

銀色　リチャードさんは、エクトンのことをどんなふうにイメージされますか。たとえば人間のような感じですか、それとも何か……塊みたいですか？　どんな感じですか？

リチャード　実際、物質的な世界での自分の人生経験の中で、これがエクトンのエネルギーではないかと感じることは二回ほどありました。それは自分のイメージの産物なのかどうかはわかりませんが、そのひとつはサンディエゴに住んでいたときです。私は夜、ビーチにいたんです。ビーチで何をやっていたのか記憶はないんですが、白い渦を巻くような、スピンするようなエネルギーが降りてきて、しばらく私と共にあって、また立ち去っていったんです。

そしてもうひとつの経験なんですが、それは私が、この世を旅立った人々、亡くなった人々と交流するミディアムシップの練習をしていたときに起きたんです。そのときに興味深いことがありました。すでに亡くなった人がたくさんいらっしゃっていたのですが、彼らが伝えたいことをこの世界に伝えてくれる、肉体を持った人がここにいるとわかったとき、亡くなった人々が私のもとに大勢集まってこられるんです。いろいろな人のスピリットが語りかけてきて、私のもとに集まってくるわけですが、その中でどのスピリットとならば自分が最も有効にコミュニケーションできるのかを管理するために、エクトンにいわば門番のような役割を依頼したことがあります。

そのときには、私にとってエクトンは人のようなかたちをしていました。かなり背が高かったです。少なくとも2メートルくらいの背丈があって、白く輝いていたんです。細かな部分はわからなかったのですが、そのようにエクトンを認識したことはありました。

今お話しした私の経験以外にも、エクトンをこのように感じましたと、ご自分の経験を話してくださる方もいらっしゃいます。ですから、その方一人ひとりによってエクトンをどのように知覚するか、認識するか、感じるかは違うのではないかと思うんです。銀色さんご自身はいかがでした？　もしエクトンを見えると感じるとすると、どんな印象だったでしょう？

銀色　見えるとかよりも、私がちょっと面白く感じているのは言葉遣いなんです。私はやっぱりまじめな堅い言葉遣いが好きなんですよ。わりと回りくどく丁寧すぎる言葉、それをよく使われるじゃないですか。

リチャード　そうですね。

銀色　あの表現っていうのは、たとえば「それはこれです」っていうのを「それはそれだというふうに私は認識します」とか「そうじゃないとは言いません」とか、そういうふうな言い方をするじゃないですか。あれはリチャードさんがもともと持っていた言葉の感覚の癖なんでしょうか？

リチャード　私はああいうふうには話しません。もちろん、エクトンが皆さんとコミュニケーションするとき、エクトンは私の体を使うわけで、時に私の記憶を使い、私が語る言語を使って話すわけですから、共通の部分はあると思うんです。それでも私はエクトンのように話をするわけではありません。簡単に言うと、エクトンの語り口より私の話し方のほうが、ずっとカジュアルな感じです。

銀色　でも、ああいう回りくどい言い方っていうのは、かなり物事を正確に言い表すことができると思うんですよね。そうだじゃなくて、そうではないとは思わないとか、すごく慎重。正確に言おうとしているところが、とても好きなんです。

リチャード　非常に正確に伝えたいことを表現しようとしています。

銀色　普通の言葉って、だいたい誤解される範囲があって、ある言葉のまわりはほとんど誤解されがちなところなんですよね。何が好き、とかって言うと。でも、ああいう言い方をすると、誤解される部分が少なくなるんですよね。そうじゃないことはない、というふうに言うと。

リチャード　正確さ、理解をより確実なものにするために重要なもうひとつの点なのですが、とりわけその直前にエクトンが話したことが少し理解しにくいのではないかと思われるようなことを言った後に、「Do you understand?」（おわかりですか）という言葉を使います。あれが、誤解のないように、さらに正確さを心がける表現のひとつだと思うんです。私自身は自分の知っているほかの言語に比べて、日本語のつくり出す音というものが好きなんです。それと同じように、私はエクトンが言語を使って話をするときに、できるだけ正確に焦点を絞り込んで伝えたいことを伝えようとする、そこからやってくる音というのでしょうか。言葉の流れが好きです。

そしてエクトンはマルチレベルの、マルチディメンションの、つまり複数のレベル、複数の次元のコミュニケーターだと言いましたが、そのエクトンの資質は彼が言語を使ううえにも反映されているのではないかと思うんです。マルチレベルでコミュニケートできるように言語を使っていると。

ですから、つい先ほど銀色さんが言ってくださったように、エクトンのもとに来られる人は、時としてその方の人生の非常に深いさまざまな出来事、課題を話題として話されます。それに対してエクトンが、正確に彼が伝えたいことを表現するように言語を使うのでなければ、結果的に大きな誤解がそのコミュニケーションによって生まれる可能性が出てきます。

銀色　だから通訳、チャンパックさんに関しても思うんですけど、本当に彼の言葉も、日本語としてすごく丁寧なきちんとした言葉ですよね。

リチャード　特に通訳している間、そうお感じになるわけですね。

銀色　はい。だからすごく合っているっていうか、ほかの人だとたぶんそういう雰囲気は伝わらないんじゃないかなと思います。

リチャード　私が通訳を選ぶときには、とても注意深くする必要があります。通訳になってくれる人を選ぶときには前もってお会いしたり、ある一定期間、その方が慣れるまでトレーニングのお手伝いをする必要がある場合もあります。そして、私の通訳として仕事をしてくれた人は複数いるわけです。私はそれらの人をそれぞれに好きなんですけれども、彼はスペシャルであると言えるのではないでしょうか。
この選択に関しては、どちらかというともちろん自分が選んでいるとも言えるのですが、エクトンが選んでいると言えるのかもしれません。自分が伝えたいことを通訳を通して、どのようにそれにかかわってくれる人に伝えられているのか、そしてそれによってどのような影響、結果が得られているのかを、エクトンはエネルギー的に感じとることができると思うんです。

銀色　それはたぶん、絶対そうですよね（笑）。

リチャード　そして多くの場合、私がチャネリングをするとき、リチャードとして私がチャネリングをするよりも、通訳のほうが仕事の量が多い場合があります。ですから、自分の通訳に対して、私は心から尊敬する気持ちを抱くと同時に、時に状況によっては気の毒だと思うこともあります（笑）。慈悲の気持ちを抱くこともあります。
そして、通訳を介して話をしている誰かを見たときに、その通訳を尊重しなかったり、通訳にハードに仕事をさせすぎていたり、お茶の時間を与えなかったり、そういうことをしている人を見たときは、心の中で、なぜ通訳をそんなふうに扱うんだという思いがわき上がってきます。

銀色　チャンパックさんからリチャードさんに、長年一緒にいて、こういうことを聞いたことがないけど聞きたいな、みたいなことはないんですか？

チャンパック　どうなんでしょう（笑）！

銀色　アハハ。

チャンパック　今、どんなことがあるだろうと、ちょっと考えて。お互いなんですが、かなりそのまま正直にお互いのことを話すので、このかかわりの中でお互いのほぼすべてを知っているのではないかと思うんですけれども。

銀色　アハハ。

リチャード　私が思うに、お互いのかかわり方のいいところのひとつとして、自分たちは仕事をしているときに非常に集中的に深く仕事をするわけですから、お互いの中である感覚があって、一緒にいるほうがいいときと、お互いひとりになったほうがいいときはお互いが心得ているのではないかと思うんです。そして、こういう種類の仕事を続けるためには、かかわっている人、一人ひとりがプライベートな、いわば自分自身のバッテリーを充電する機会を持つことが大切だと思うんです。

銀色　リチャードさんは、ずっと死ぬまでこの仕事を続けたいですか？（笑）

リチャード　いずれはスローダウンしていくだろうと思うんです。ペースを落としていくということは、はっきり言えると思うんです。でも、人々からそれを求められる限り、そしてそれにお応えして私がチャネリングを続けることができる限り、私は続けるのではないかと思います。

銀色　タイミングは今考えなくても、ちゃんと自然に流れが来るでしょうしね。

リチャード　今は、それは考える必要はないのではないかと思います。もちろん、エクトンとのかかわりの中で、私はここまで年をとってきました。ですから、年齢を考えると、リタイアするときに近づいているという見方をすることはできるんですけれども、いつそれが起きるのかということについて考えることはしていません。どんなことであっても、ひとつのことを続けるうえで、三十年というのは長い時間だと思うんです。

銀色　私は自分のこれから先に楽しいことはあるでしょうか、なんてエクトンに聞いちゃったんですけど、先のことがあんまりわからないんですよね、自分は。

リチャード　その通りだと思います。まだ選択されていない、まだそのことに関しては〝書かれていない〟ということからではないかと思うんですが、銀色さんがエクトンとの会話の中で自分の未来に関して質問されたときに、エクトンがどのように答えたのか、おぼろげに記憶があるんです。たぶんエクトンはその質問に対して、「銀色さんご自身はどのような人生を生きたいですか」と質問を返してきたのではなかったでしょうか。

銀色　そうそう。それを僕に聞くんですか、みたいな（笑）。

リチャード　人生が今後どのように展開していくのかということに関しても、エクトンはよく話をするんですけど、さまざまなレベルの選択に基づいてそれらは起きていくものだと思うんです。意識的な選択もあれば無意識の選択、さらに深いレベルの選択もそこに関与してくるでしょう。ですから、エクトンは、よりよい明日を経験したければ、今日をよりよい日として生きてくださいと言います。

銀色 私もそう思うんですけど。ハハハ。

Q　**スピリチュアルなことに興味をお持ちになったのは、「死への恐怖を克服したい」ことがきっかけだとおっしゃっていました。それ以外にも何か理由のようなものはありましたか？**

銀色　私はそれよりもっと以前から、好きではあったんですよ。たぶん二十代くらいからずっと、ちょっと好きだったんですけど、そのときは興味があるけど、その頃ってもう、ちょっと宇宙人っぽい感じだったんですね、その頃の話題が。

Q　**UFOとか。**

銀色　UFOとか、あと、わからないものの存在、チャネリングとかも、何となく言っていることがわからないことを言っている感じで。私たちが知らないことを、昔のアトランティスの何とかとか、ああいう、遠い話。それは面白いけど、わからないから、言われても証明できないじゃんということで、単なるちょっとした面白い話みたいな感じで見たりしていたんです。「本当？でもわからないな」っていう感じで眺めていた感じ。それがだんだん、チャネリングも本当にカウンセリングみたいな感じになってきたじゃないですか。

Q　**なりましたね。**

銀色　これが別にチャネリングであってもなくても、読んだ文章が、何かすごくこの文章って納得いくなって思うものが増えてきたんです。そうすると、それは出元が何であろうと、その書かれているものに納得できればいいわけで、それに対して自分はどう思うかじゃないですか。それに、ああ、そうだって思ったり、何となく目が開いたような気持ちになったとしたら、自分にとってそれは役に立ったわけだから。

Q　**そういうのが積み重なって。**

銀色　そうですね。だんだん、そういうのが増えてきて。エクトンさんなんか特にそうなんですけど、うさんくさいことを言わないので。何でもいいんですけど、言う人は。ただ、その言った内容が、私がこれがいいと思ったから、というんでしょうか。だから、私は特にスピリチュアルなことが好きとか、区別はしないんです。

Q　**区別しないということについて、もう少し詳しく教えていただけますか？**

銀色　何かひとつのことがあるとするじゃない？　真実みたいな。それを見る角度って、３６０度あるでしょう。それって、中心から遠ざかれば遠ざかるほど隣との距離は離れていくけど、近づくとものすごく隣にあるでしょう？　離れると違うものに見えるかもしれないけど、近づくとそれとそれはほとんど隣同士。同じ。

だから真実に近づくと、どんな分野から入っても遠くないんですよね。スピリチュアルなものでも、スピリチュアルじゃないものでも、エンターテインメントでも科学でも、何でも。とにかくすべてのものが真実に近づくと、ほとんど同じ。隣にあるって感じがするんです。だから、何かと何かが全然違うというふうな感じは全然しないんです。

Q　**なるほど。ではエクトンはほかのチャネリングと比べて、どういった違いがあると思われますか？**

銀色　専門用語を使わないというところは、エクトンさんほど使わない人もあまりいないと思うんです。普通に日本語をしゃべるレベルの人にわからない言葉を使っていない人というのは。ほかの人はだいたい、すごく普通のことをしゃべってくれていても、ちょろちょろちょろちょろ出てくるんです、やっぱり。これはスピリチュアルな人にしかわからない言葉だなとか。それはいいんですけど、そうしたら、これってスピリチュアルなことがあまり好きじゃない人は、ここで拒絶反応を示すじゃんみたいな。私はそういう視点で見ちゃうんですよね。その意味では全然わけのわからない言葉を使わないでいてくれる。そこにある種のセンスと知性を感じるというか、そこが私の好みに合っているということです。彼のセンスが好きってことかな。

Q　**そうした理由から、この対談企画にもすっと入っていかれたという。**

銀色　ものすごくうれしかったです。だって、好きって言っているんですから。好きって言っている人と対談できるって、こんなにうれしいことはないです。

Q　**エクトンに限らずですが、チャネリングや占いなどに行かれるようになってから、銀色さんご自身が大きく変化したことはありますか？**

銀色　去年の前半にまとめて行ったんですけど、それはいろいろな方向から自分を確かめたいという目的があって。その時期に関して言うと、私がやろうと思ったことを全員支持してくれたんです。それで、加速がついたというか。全員から背中を押してもらったので、「じゃあ、私はそれでいっていいいんだな」と思いました。行かなかったら、たぶん、「どんどんやっていいんだな」って思っていないと思います。不安要素が減ったと思います。

Q　**チャネリングや占いなどを受けるのは、今後も続けられる予定ですか？**

銀色　もうあんまり行く必要がないと思います。言われることはだいたい同じなので。あと、自分の考えがあるので。それは今まで人から聞いたことや本で読んだことや理性で考えて思ったことなどから、自分でこれでいいなと思うものをチョイスしたものからできています。なので新しく何かを知るたびに変わっていくのですが。自分にとって、より「今を生きやすい」考え方になっています。でも焦点を絞って、受けに行くかもしれない。ものすごくわからない初めての問題にぶつかった時とか。その人がユニークだとか。つい恋愛の話だけは熱を持って聞いちゃうんですけど、それは未知の……これからの可能性があるからです。それ以外で熱心に聞きたいことはないですね。実践するほうに時間を使いたいです。

Q　**恋愛に関しては、相手によって状況が異なるから未知、ということでしょうか。**

銀色　というか、まだ出会っていないんだと思うから、そこはいっぱい夢を語れるんだけど。出会ったら、たぶんその話も聞けなくなるから、それくらいあったほうが楽しいかなと思う。これからは違う新しい分野にいくのかなと思います。そう思うと楽しいけど、今もあまりわからないので、いまいち本当に楽しみがあるのかななんて、ちょっとぶつぶつ言っちゃうけど(笑)。本当は、すべてがわりと人ごとです。

Q　**最近ではご執筆以外にも、音楽活動やイベントなど幅広く活動されていらっしゃいますが、今後スピリチュアルなトークイベントのようなものが増えるといった予定はありますか？**

銀色　スピリチュアル・トークイベントは、「スピリチュアル」と銘打って、わざとそっち側を、そっちの色を強くしてやっただけで、基本的に言っていることは同じです。だから人を癒やすというか、簡単に言うとその言葉しか出てこないけど、癒やすとか励ますとか、それを私は詩とかエッセイですでにやっているし、変わらないと思います。

Q　**スピリチュアルなこととそれ以外をあまり分けないというお話と、リンクしているんですね。**

銀色　そうそう。中身は本当は同じなんだと思います。入っていくドアが違うだけで。みんな好きなドアから入ればいいと思います。だって、スピリチュアルって書いてあるドアが嫌いな人もいるでしょう？　そういう人は科学とか哲学とか政治とかスポーツとか、そこから入っていけばいいんじゃないかな。

Q　**それはすごくわかりやすいです！**

銀色　うん。一緒なんだと思いますよ。たどり着く場所は。

Q　**この本は、どういうときに、どんな方に読んでほしいと思われますか？**

銀色　特に希望はないです。目について、興味を持った人に読んでもらえたらと思います。

Q　**最後に、この本を通して読者の皆さんに一番伝えたいことは何ですか？**

銀色　生きることは大変じゃない、ということです。

おわりに

最初にエクトンが、「愛が最終的には、この地球を救うものになるでしょう」と言いました。そして、最後にも、「愛がこの世界を救う」と言いました。

愛…。「人が自分の人生の中で最も大切な目的を、愛を経験すること、愛を分かち合うこと、愛を受け取ることとしたときには、例外なくその人は素晴らしい人生を生きることになります」と言っています。そうか、そうしてみよう。愛ですね…。愛は宇宙をつなぐ糊とも言ってた…。糊って…（笑）。


地球は「遠くから見ると、宇宙に漂う小さな青い点です」って言った時、その小さな青い点が広く暗い宇宙空間の中にポツンと輝いているイメージが鮮明に浮かび、とても壮大な気持ちになりました。本当に旅をしてきたように感じました。最後に自由に、ヒューッと飛んでいるような。

人生は、今この瞬間も、旅だと思います。

私たちは地球に乗って、共に旅をしている仲間です。

旅を楽しみましょう。一緒に。

銀色夏生

著者紹介

銀色夏生（ぎんいろ なつを）

宮崎県生まれ。詩人、エッセイスト。作詞家として数々の楽曲に詩を提供するかたわら、1985年に第一詩集『黄昏国』で作家デビュー。その後、活動の場を本の世界に移し、続々と著書を刊行。作詩にとどまらず、写真、イラスト、エッセイ、小説、紀行等も手がけ、幅広く創作活動を行う。近年では自らレコードレーベルを立ち上げて作詞家活動を再開したほか、トークイベントを開催するなど、さらに活動の枠を拡大している。著書に、写真詩集『これもすべて同じ一日』、20年にわたり続くエッセイ『つれづれノート』シリーズ、小説『僕のとてもわがままな奥さん』『カイルの森』、詩集『風は君に属するか』等、多数。

エクトン

物質的次元の外に存在する、肉体を持たないパーソナリティー（意識体）。リチャード・ラビンをチャネルとして、人々に愛と優しさの溢れるメッセージを伝えている。

リチャード・ラビン（エクトンのチャネル）

1955年5月5日、ニューヨーク生まれ。カウンセラー、ヒプノセラピスト。大学で心理学を専攻するとともに催眠療法、過去世回帰療法、TM瞑想、気づきのトレーニングほか心理療法の手法を多数修得し、カウンセリングの内容は多岐にわたる。1988年以来、日本に定期的に訪れ、東京、大阪はじめ各地で公開セッション、ワークショップ、個人セッションなどを行っている。　www.richardlavin.com/

チャンパック（通訳）

1958年、京都市生まれ。本名・飛世真人（とびせまさひと）。1980年、和尚ラジニーシよりスワミ・ディアン・チャンパックという名前をもらう。瞑想、セラピー、ボディワークなどの体験を重ね、1988年以来エクトン&リチャード・ラビンの通訳を担当。絶妙なコンビとして定評がある。また、自らの体験をまとめたワークショップや講演なども各地で行っている。

ECTON × 銀色夏生

2011年6月30日　初版発行

著　　者　エクトン（リチャード・ラビン） 銀色夏生
通　　訳　チャンパック
装　　幀　児崎雅淑（芦澤泰偉事務所）
発 行 者　堀眞澄
発 行 所　株式会社ヴォイス
〒106-0031 東京都港区西麻布3-24-17 広瀬ビル2階
TEL 03-3408-7473（出版事業部）
FAX 03-5411-1939
URL：http://www.voice-inc.co.jp/
e-mail：book@voice-inc.co.jp
DTP組版　よすがでざいん
印刷・製本　株式会社光邦

ISBN978-489976-273-7 Printed in Japan